Mäander

Fröhliche Wissenschaft 225

Volker Demuth

Mäander

17 Posts zum geschwungenen Leben

Matthes & Seitz Berlin

Inhalt

1. Im Namen des Bösen

Am Anfang ist die Schlange. Das erste Bild, das sich mir in meinem Leben einprägte, hing über dem Kinderbett und bespielte die Ränder meines Schlafs und Erwachens. Seinen Rahmen bildeten Tag und Nacht, und zu ihm aufzuschauen, war keine Übung, sondern so etwas wie ein Geleit oder Geländer, an dem die frühen Lebensjahre sich entlangbewegten. Seltsam für ein Kinderzimmer, war dieses Bild in meinen Augen ziemlich schrecklich und angsteinflößend, entsprungen einer Myth(e)ologie, deren archaische Tiefe kaum auszuloten ist. Es dennoch ins bewusst-unbewusste Blickfeld eines Kindes zu rücken, verlangte die Fürsorge um jedes Leben, und zwar umso nachdrücklicher, als das des Kindes noch in seinen Anfängen steckte. Das Kolorit war bestimmt von gedämpften Grün- und Brauntönen, und in jener ungewissen Atmosphäre, die sie erzeugten, war ein Kind zu sehen, unterwegs zu einem unbestimmten Ort und Ziel. Was jeden Betrachter, und natürlich auch mich, sofort in Unruhe versetzen musste, war der Umstand, dass sich auf die nackten Beine dieses Kindes eine Schlange zubewegte.

Die Schlange, diese Ur-Ikone, diese symbolische Daseinseröffnung (die wie eine Figur beim Schach lediglich über eine begrenzte Anzahl an Zügen verfügt), prägt das kulturelle Spielfeld westlicher Gesellschaften und Biografien. Sie zeichnet sich als Figur ins Gefüge der Dinge hinein, die jeder schriftlich oder mündlich geführten Unterhaltung über die Welt vorausgeht. Sie antizipiert damit auch jedes ethologische oder sonstige Wissen. Von dieser traumatischen Figur, dem Beginn der postparadiesischen Zivilisation, spricht in die historisch sich entfaltende Welt des Abendlands hinein erstmals die Genesis des Alten Testaments. Und noch zweitausend Jahre später schreibt John Milton – im Echoraum der europäischen Aufklärung – von ihr. Die archaische Schlange, deren »*tortuous train*« die Verlockung eines listigen und verderblichen Gegners in sich birgt, gehört den unerschöpflichen Albträumen des westlichen Lebens an.

Die individuelle Primärerfahrung, die bis in meine Kindheit reichte und vielleicht darüber hinaus, findet in einem kulturell hochgradig angereicherten Raum statt, durch den die Erlebniswahrscheinlichkeit ein Höchstmaß erreicht. Was im Bildprogramm früher Kindheiten an uralten Informationen weitergereicht wird, lässt kaum einen Bereich der jüdisch-christlichen Traditionssphäre aus, und sie berichten von »*fraudulent temptation*«. Das Defizit an Wahrheit und Aufrichtigkeit, das – ausgedrückt in ihrer Hinterlist – der Schlangenfigur hier als Eigenschaft zukommt, verbindet sich mit einer fatalen Kraft, zum Falschen und Unlauteren zu motivieren. Erkennen und Verkennen, Handeln und Misshandeln verklumpen zur unentwirrbaren Verfehlung des Daseins, zur nicht endenden Unheilsgeschichte. Genau darin besteht der fabulöse Sinn des hypnotisierenden, verblendenden Blicks der Schlange und ihrer furchtbaren, windungsreichen Einflüsterungen. Nicht zufällig wurde das Winden und Sichdrehen bevorzugt in Techniken der Tortur überführt. Allzu schmerzlich symbolisiert die gewundene Lebensform eine nicht abzutragende und unvergessliche Schuld am Verlust des Gartens Eden.

Ohne das Wort dafür zu kennen, erfasste in jener Zeit, in der ich aufwuchs, jedes Kind beim Anblick des ikonischen Bilds ganz unmittelbar, wie heimtückisch die Situation war. Unvergesslich prägten sich Form und Figur des Bösen ein, nahm es das Imaginäre in Besitz. Und einmal dafür sensibilisiert, lernte ich nach und nach jene anderen Namen kennen, unter denen das Heimtückische, Niederträchtige und Verderbliche in der Welt sein Unwesen trieb: Luzifer, Teufel, Dämon, Widersacher Gottes, Diabolus, Höllenfürst, Verderber, Versucher, Satan, Inkubus, Mephisto,

Antichrist, Herr der Unterwelt. Die *familia diaboli* wuchs zusehends. Die einzige Zuversicht, auf die man angesichts der bedrohlichen Lage hoffen durfte, verband sich mit einer Gegenkraft in Gestalt eines Engels, der dem Kind als metaphysische Schutzmacht nicht von der Seite wich. Ganz gewiss würde er es vor dem verderblichen Schlangenbiss bewahren.

In einer Topografie der Moral wäre die Schlange eine Kreatur der Subzonen und des Undergrounds. Tückisch und gefährlich schlängelt sie sich im Staub, ein durch und durch chthonisches Wesen. Ihre Domäne ist das Unten, sind schmutzige Straßen, verdreckte Quartiere, unterirdische Hohlräume und die Verliese einer qualvollen Ewigkeit. Soziologisch betrachtet: In deklassierten Unterschichten, dort findet sich das Heruntergekommene, das Gefallene und Abgefallene, Gestolperte und Gestürzte, das am Boden Liegende, Windige und Unaufrichtige (Unaufgerichtete) – ein Schlangenchaos also, in dem nicht überlebt, wer sich nicht listenreich durchschlängelt. Wenn ich in Kindestagen an die Hölle dachte, tauchte vor mir das immer gleiche Bild auf: ein mäanderndes Tier, ein verknäultes Schlangennest.

Pictura docet: Der Mensch, diese Lektion war von Beginn an zu lernen – ein doppelter Beginn, da er Gesellschafts- wie Individualentwicklung gleichermaßen betrifft –, darf keine falsche

Schlange, kein mäanderndes Tier sein, weswegen er vor Einflüsterungen, die vom Gegenteil erzählen, die Ohren verschließen muss. Selten zeigt sich das europäische Figurenprogramm so unmissverständlich wie in dieser Lektion: Die gewundene Form ist dämonisch und tödlich. Eine Pejoration, unter deren mächtigen Voraussetzungen es nahezu aussichtslos erscheint, dass wir ihre wahre Botschaft vernehmen. Der Schlange zuzuhören und zu versuchen, sie anders zu hören, geht ans Eingemachte westlicher Hörgewohnheiten. Es verlangt von uns etwas so Merkwürdiges, wie »*dem Weinen der Linien zu lauschen, die durch Täler und Höhen streifen*« (Manilo Brusatin). Oder auf das ferne Rauschen einer fließenden, eben: mäandernden Bewegung zu horchen, in der man sich verlieren kann, um sich in anderer Form wiederzufinden. Ohne triftige Gründe wäre ein solches Lauschen, ganz gleichgültig in welchen methodischen Räumen der säkularen oder neoreligiösen Moderne man sich gerade aufhält, trotzdem kaum mehr als eine häretische Spielerei.

2. Der Engel der Geometrie

Emblem des Mäanders ist die Schlange, ebenjene heimtückische und toxische Figur, die der Zone des Bösen und Intransparenten angehört. Auf diese Weise in der kollektiven Imagination verankert, bezieht sich der Mäander mit geradezu logischer Schärfe auf seinen formalen Gegensatz und kulturellen Widerpart. Und damit auf eine nicht weniger fundierende Geschichte, die dem objektiven Willen zur Abstraktion angehört. Man kann diese Geschichte in der Antike bei Euklid beginnen lassen und bei Leon Battista Alberti am Beginn der Neuzeit wirkungsvoll fortgeführt finden:

> *Wenn die Punkte sich in einer Reihe ununterbrochen aneinanderfügen, bringen sie eine Linie hervor. Von den Linien nennt man die einen »gerade«, die anderen »gebogen«. Die gerade Linie sei ein von einem Punkt zum anderen auf geradem Wege in die Länge gezogenes Zeichen. Eine gebogene Linie sei ein von einem Punkt zum anderen nicht gerade, sondern bogenförmig ausgeführtes Zeichen.*

Aus diesem einfachen Formalismus von gerader und gekrümmter Linie entwickeln sich in der gelebten Wirklichkeit ausgesprochen komplizierte Formatierungen von Körpern und Bewegungen sowie kulturelle und infolgedessen oftmals normative Komponenten.

Zur Grundverfassung des Menschen gehört, dass er Teil des Raums ist. Jeder Körper erkennt sich durch den Raum, der sich um ihn herum erstreckt und in dem er sich von der ersten bis zur letzten Stunde seines Lebens aufhält und bewegt. Entsprechend organisieren sich unsere Sichtweisen auf die Welt ebenso wie unsere sensuellen Orientierungen in der Welt nach einer räumlichen Grammatik. Diese Grammatik ist indessen nicht naturwüchsig, sie unterliegt vielmehr einer gesellschaftlichen Formatierung, namentlich, seit längerer Zeit schon, einem linearen Feld, das – wie das Fadengitter bei den Vorarbeiten für ein Gemälde – die Wirklichkeit unterteilt.

Die Neuzeit wird ganz allgemein dadurch charakterisiert, dass das lineare Gerüst unsere Realität mit einer berechenbaren Ordnung ausrüstet, die von Privaträumen bis zur idealen Stadt reicht. Schauen wir uns kurz um, wo wir in diesem Moment stehen, schauen wir auf Badezimmerfliesen, Fenster, Wände, Hochhäuser, Straßen. Die gerade Linie repräsentiert jene durchschlagende Idee, jene ideale Konstruktion, welche die gelebten Räume der inneren und äußeren Architektur nicht weniger markant bestimmt wie die Ingenieurszeichnungen.

Die Linearperspektive, die der Sicherheit und visuellen Stabilität westlicher Mentalitäten seit dem Quattrocento unterlegt ist, begnügt sich jedoch nicht mit diesem Sieg. Die *perspectiva artificialis* ist Teil einer optisch-geometrischen Revolution, die sich zu den konstruktiven Entwürfen der Zentralperspektive fortentwickelt, von welcher der Raum geradlinig im optischen Kegel durchmessen und aufgerissen wird, und die vom Raum vehement auch auf die Zeit überspringt, und zwar in einer Art Umkehrung der Sehfigur. Die Scheibe des Kegels umfasst die breite Gegenwart, der wir angehören, seine Spitze jedoch zeigt auf einen Punkt in der Zukunft, den Fluchtpunkt aller menschlichen Hoffnungen und kulturellen Sehnsüchte, wie er seit den utopischen Traktaten der Neuzeit mit ungeheurer Projektionskraft ausformuliert wird.

So umgarnt das »*auf geradem Wege in die Länge gezogene Zeichen*« seit der Renaissance in kurzem historischen Abstand neben dem Raum auch die ungleich vagere Größe Zeit, indem es sie von nun an – entsprechend der geänderten Matrix europäischer Wahrnehmung – sich geradlinig vorwärtsbewegen lässt und Geschichte als Fortschrittsprozess damit glaubwürdig macht. Die geschichtliche Optik der westlichen Welt richtet sich damit nach vorn, ohne sich der Illusion bewusst zu sein, auf der sie beruht. In der Folge erscheint jener Laserstrahl, den die Gegenwart in fantastischen, mit mehr oder weniger ausgefeilten sozialutopischen oder wissenschaftlich-technischen Plänen ausgestatteten Vorgriffen geradewegs in die Zukunft wirft, als Inbegriff historischer Vernunft. Dieser famose Umgang mit Zeit, worin die Geometrie der linearen Sequenz sich spiegelt, erweist seine Formkraft noch aktuell auf so banale Weise wie der »*Timeline*«, dem millionenfachen Lebenszeitschema des digitalen Facebook-Subjekts.

Der raumzeitliche Formalismus ist alles andere als eine neutrale Konstruktion (oder transzendentale Ästhetik). Die Vorrichtung des abstrakt gerichteten Raums, in dem wir existieren, versetzt den Menschen an eine andere Stelle. Der Mensch – um genau zu sein: jedes einzelne Individuum – wird dadurch Zentralorgan sämtlicher Phänomene dieser Erde. Sein von ihm ausgehender zentralperspektivischer Blick auf die Dinge macht ihn zur einzig sinnvollen Referenz, in der die in sich uneinheitliche, zum Disparaten neigende Welt zusammenläuft und zur Gesamtheit synthetisiert werden kann. Wo die menschliche Wahrnehmung auf diese hintergründige und kraftvolle Weise das Zentrum der Wirklichkeit besetzt, bewirkt dies quasi automatisch ein Upgrade der Spezies in die ontologische Spitzenposition. Von dort aus bis zum »*Aufkommen der modernen Anthropokratie*« (Erwin Panofsky) ist es nur ein winziger Schritt. Wird er gemacht, erreicht der Mensch endgültig seine besondere Schöpfungsstellung, und fortan »*befiehlt er allen Geschöpfen*« (Buffon). Herrschaft, zeigt sich somit, ist eine Frage der Perspektive.

Jede der linearen Projektionen ins Imaginäre, ob räumlich oder temporal, folgt Operationen von Schuss und Schnitt, von Linien und Flächen von Linien, welche die Realität wie Pfeile durchstoßen oder wie Messer durchschneiden. Die analytische Linie ist stets eine invasive und aggressive Linie. Sie ist eine Linie, die seziert. Man kann das deutlich anhand von Grundrissen und Aufrissen bei Stadt-Körpern erkennen. Noch klarer wird es bei imperialistischen Vorgehensweisen, der Ziehung eines kolonialistischen Strichs, einer geraden Linie auf dem Papier *(paper partitions)*, die in der Wirklichkeit eine sehr reale, sehr brutale Grenze festlegt. Selbst naturwüchsig plastischen Naturgebilden will es nicht gelingen, sich dagegen zur Wehr zu setzen. Büdericher Kanal, Tullas Begradigung des Rheins oder jene der Donau bei Wien gelten als ruhmreiche Projekte der Neuzeit. Kaum noch ein Fluss in Europa, der nicht eine begradigte Rinne wäre. Doch erscheint mir kein anderer Fall innerhalb moderner Bemühungen, die Welt in einer mathematischen Optik geradezurücken, so eindrucksvoll wie jene »*Modifikationen*« eines

Berges, die Eugène Emmanuel Viollet-le-Duc am Mont Blanc 1876 vornimmt. Seine *»geologische Metapher«* löst den Mont Blanc in ein Linien-Netz-Modell auf, das unwillkürlich an algorithmische Polygon-Modellierung erinnert. Tatsächlich erschafft der Architekt Viollet-le-Duc den Mont Blanc neu – er selbst spricht von Restaurierung –, und zwar anhand linear-geometrischer Flächen, und findet auf diesem Weg lange vor der dafür berühmt werdenden Malerei zur ersten kubistischen Dekonstruktion.

Die derart rationalistischen Überschreibungen des Raums installieren die Klarheit linear-kristalliner Systeme ohne Verwirrung, Verschlungenheit, Fraktalität. Sie verstehen sich selbst als kämpferische Schritte gegen ein vorgefundenes Chaos in der Welt. Und sie sind verantwortlich für die Verwandlung von ehemals stabilen natural-sozialen Lebensräumen in schnelle, effiziente und kontrollierte, kurz: in dramatische Landschaften, in denen komplexe Biome mit ihrer vielfältigen Pflanzen- und Tierwelt binnen weniger Jahrzehnte vernichtet werden – in denen sich das Leben also insgesamt infrage gestellt sieht. Denn wo eine bestimmte Figur der Vernunft mit universellem Ordnungsanspruch auftritt, macht sie vor der Natur nicht halt, auch dann nicht, wenn ihre Konsequenzen grausam und todbringend sind, wenn sie naturale und soziale Räume zerschneidet und zerreißt.

Dessen ungeachtet spricht sich das Mandat der Moderne nach wie vor entschlossen für jede Annexion des natürlichen Raums, darüber hinaus aber auch der Zeit, durch technizistische und planerische Konstruktionen aus, die dem vermeintlichen Irrationalismus eines nicht linearen und eigenwilligen Entwicklungswegs (oder Verwicklungswegs) eine kalkulierte Sachlichkeit und formale Beherrschung entgegensetzen wollen. Das übermächtige Bedürfnis, die verwirrende, in verschlungenen Bewegungen und Fortsetzungen sich befindende Erde zu entwirren, scheint nach einer Klarheit zu verlangen, in welcher der Raum mit produktiven Landschaften und formalisierten Städten überzogen und die Zeit in stringente Planungsabläufe von Nutzung, Ertrag und Tempo hineingezogen ist.

Der Engel der Mathematik wacht über die Linie, doch erstreckt sich sein Auftrag allein auf die gerade, nicht auf die gekrümmte Linie. Dieser Engel schwebt über Gebieten, die der Ideallinie folgen, und sein Flug, von dem einst das Abendland beflügelt wurde, umkreist nun seit Jahrzehnten rastlos und trostlos die Erde. Seine Inspiration von höherer Stelle hat diejenige der Schlange, die tief unten auf der Erde kriecht, lange aus dem Feld geschlagen. Ein wesentlicher Teil dieses Triumphs liegt in dem Umstand begründet, dass es linearer Logik gelingt, an die Stelle der Achtung vor gewachsenen und formal uneindeutigen Orten eine kontrollgetriebene Ökonomie der progressiven Berechenbarkeit zu setzen, in deren Folge eine anhaltende Phase hegemonialer Eroberung und Plünderung der Natur stattfindet. Die daraus entwickelte globale Rhetorik des Raums, getragen von Begriffen der Effizienz, Steigerung und Funktionalität, spricht davon, aus Natur und Zivilisation alles herauszuholen, was geht – ob Eismeer oder Metropole, Tiefseegraben oder Mount Everest.

Doch die linear kalkulierten und optimierten Landschaften erscheinen zunehmend leblos. Und aus einer Moderne, die alles daransetzt, unumwunden auf eine (vermeintlich) immer bessere Zukunft zuzusteuern, ist ein unerbittlicher, ja verheerender Fortschritt geworden. Für eine postideologische Epoche durchaus überraschend, hat die lineare Formalisierung bis zum heutigen Tag als eine von wenigen verbliebenen Ideologien Bestand. Sie unterwirft die Erde weiter einem radikalen Rationalismus, Formalismus und Optimalismus (der hartnäckig als Optimismus missverstanden wird), die sich grandios irrational und dysfunktional für das planetarische Leben erweisen.

Weil die morphologische Tendenz des Gewundenen sich auf das Verschlungene, Verwickelte und Verknäulte richtet, entsteht die in reales Handeln übergreifende Vorstellung, um das Wirre zu entwirren und den Dschungel der Natur auf Klarheit hin zu durchforsten, stellten elementare logisch-mathematische Rationalitätsfiguren die »*Schlüssel aller Kreaturen*« (Novalis) dar. Und trotzdem drängt sich gerade angesichts der Folgen dieses Unterfangens heute die Frage auf, ob es nicht doch sein könnte, dass eine genauere Betrachtung der Schlangenfigur uns dabei helfen würde, die symbolische Verneinung und tatsächliche Verdammung oder Verdrängung der gewundenen Form und damit auch ihren geschichtlichen Fluch zu begreifen, der uns bis in die Gegenwart gefangen hält und dessen vernichtende Auswirkungen zunehmend unübersehbarer und unüberschaubarer werden? Diese Frage besitzt für das zukünftige menschliche und nicht menschliche Leben nicht nur höchste Relevanz, sie ist auch radikal, weil sie sich an unsere kulturellen Wurzeln, an unsere symbolischen Träume richtet, damit an etwas, das dem westlichen Denken und Handeln so ganz und gar selbstverständlich vorkommt und dessen Identität ausmacht. Radikal zu hinterfragen sind demzufolge kalkulierte Sicherheiten, geradlinige Orientierungen und Kontrollzwänge, mitsamt den Chancen und Verlockungen, die sich damit unweigerlich verbinden. Und nicht weniger radikal stellt sich die Frage, wie eine abstrakte und imperiale Ordnung mit ihren Glücksversprechen umzuformatieren wäre, damit wir zu einer besser an das globale Gleichgewicht des Lebens angepassten Art der Souveränität und Zufriedenheit gelangen?

Schwerlich zu bestreiten scheint mir im gegenwärtigen geschichtlichen Moment, dass die derzeitige Ordnung der westlichen Neuzeit für ein weiteres Jahrhundert nicht mehr trägt, schon gar nicht in einem globalen Maßstab. Während es also immer dringender wird, systematische Schlüsse aus der Kosmologie geradliniger Formatierungen zu ziehen, bleibt es unserem Denken nicht erspart, sich in eine andere Richtung voranzutasten und dabei den Raum, die Geschichte, die Seele, das Denken selbst und den Körper in den Blick zu nehmen. Hilfreich dafür könnte der Mäander sein, dessen vernachlässigten Botschaften darum hier nachgegangen werden soll, mit dem sich etwas Gegenläufiges andeutet, ein alternatives dynamisches Schema, eine Bewegung des Anderen. Der Mäander könnte uns Einsichten in eine andere kulturelle und politische Ökologie eröffnen, in eine Grammatik, bei der Subjekte und Objekte nicht hierarchisiert und Handeln und Souveränität nicht einseitig und eindimensional festgeschrieben werden. Kein Punkt an der Spitze einer imaginären Pyramide also, vielmehr ein wirkliches Beziehungsgefüge in einem Feld. Denn kein Fluss kann isoliert vom Land, durch das er mäandert, gedacht und verstanden werden. Nehmen wir das als ersten strukturellen Hinweis, könnte es die theoretische

Erwartung stützen, dass wir im Mäander eine maßgebliche Gegenkraft zu jener despotischen Machart unserer heutigen Wirklichkeit antreffen, welche sowohl das tierische wie das menschliche Fleisch umfasst und seine Bewegungen entwirft und einrahmt: die Kraft der Unterworfenen, Geschädigten, Missachteten, Ausgeschlossenen, ob in sozialer oder naturaler Form. Eines lässt ja bereits das Kulturimage der Schlange erkennen: das Unten und die Radikalität der Abweichung.

Wenn die Mäanderfigur, abgeleitet aus der Realität und zugleich auf sie angewendet, nun aber vornehmlich in der Abweichung von der Abweichung besteht, indem der Mäander beständig von sich selbst abweicht, von seinem akuten Status der Abweichung, dann bedeutet, ihr zu entsprechen, einer Denkbewegung zu folgen, die ähnlich wendig und umgebungssensitiv ist wie das, wovon sie redet. Der unverlierbar dissidente Wesenszug des Mäanders kann folglich bei dem hier unternommenen Versuch, etwas von den Verdrängungen und Bestreitungen zu verstehen, nicht außer Acht gelassen werden. Jedes Nachdenken über Mäander führt zu einer Bewegung, die darauf gefasst sein muss, ihre Richtung fortlaufend zu ändern. Eine Bewegung, zu deren Eigenart es nicht zuletzt gehört, zwischen Analytik und Geschichte, Reflexion und Erzählen hin und her zu schwingen.

3. Auf der Suche nach dem gekrümmten Raum

Der Mäander, berühmt schon in der Antike für seine Windungen, mündet nach dreihundertachtzig Kilometern Flusslauf durch das westliche Kleinasien in die Ägäis. Gleichzeitig ist er eine Metonymie, denn alle Flüsse der Welt mäandern. Sie winden sich durch Landschaften, denen sie über Jahrhunderte hinweg ihr Gepräge gegeben haben und deren Fruchtbarkeit von ihnen abhängt. Wie sehr sie diesen Gegenden eine räumliche Einheit verleihen, wurde mir allmählich deutlicher, als ich fast ein Vierteljahrhundert lang unmittelbar am Ufer der Donau lebte. Und dort nicht lediglich am Fluss lebte, sondern im Donauraum, einem europäischen Strömungsgebiet, in dem sich eine lange, verwickelte Geschichte des reichhaltigen Austauschs und kulturell verbindender Kräfte abgespielt hatte. Der Mäander ist, wurde mir im täglichen Anblick der gekrümmten Strömung bewusst, nicht lediglich eine Bewegungsweise, er ist zugleich auch eine Beziehungsform.

Es ist diese Beobachtung, die von der archaischen Metapher – der Schlange – und der abstrakten Figur – der geometrisch gekrümmten Linie – zum physikalischen Phänomen führt. Tatsächlich besitzt es einen gewissen epistemologischen Reiz, bei der Beschreibung dieses Phänomens an eine Anekdote aus dem letzten Jahrhundert anzuknüpfen, das bekanntermaßen als das Jahrhundert der Physik in die Wissenschaftsgeschichte Eingang gefunden hat. Ihren Anfang nimmt sie im Frühjahr 1926, während einer zunächst alles andere als ungewöhnlich erscheinenden Szene: bei einem Nachmittagstee in einer Züricher Wohnung. An diesem Tag jedoch kommt es zu einer merkwürdigen Irritation, als Annemarie Schrödinger, während sie ihren Löffel eine Zeit lang in der Tasse kreisen lässt, überrascht feststellt, dass sich die darin frei schwimmenden Teeblätter allesamt in der Mitte der gleichfalls ins Rotieren gekommenen Flüssigkeit ansammeln – ein Umstand, der sie verwundert innehalten lässt, denn wie jeder andere, der in seinem Leben schon einmal Karussell gefahren ist, hat sie natürlich am eigenen Körper erfahren, dass die bei Drehbewegungen auftretende Fliehkraft alle frei beweglichen Dinge nach außen drängt. Keinesfalls aber, wie die Teeblätter in der Tasse vor ihr, nach innen. Und da sie sich das Wort »*Wunder*« für andere Erscheinungen des Lebens aufhebt, tut sie, was in diesem Fall naheliegend ist. Sie fragt ihren Mann Erwin, der als Begründer der Quantenmechanik bereits zu Ansehen gelangt war und ein paar Jahre später den Nobelpreis für Physik erhalten sollte, nach den wissenschaftlichen Gründen für diese eigenartige Sache. Anstatt jedoch seine Frau mit einer Erklärung zufriedenstellen zu können, stehen schließlich beide ratlos vor dem »*Theetassenphänomen*«.

Wenige Monate zuvor erst, am 7. Januar, hatte Albert Einstein in Berlin an der Preußischen Akademie der Wissenschaften einen Vortrag gehalten. Dessen Thema dürfte die meisten Anwesenden, ob sie nun neun Jahre zuvor Einsteins Vortrag »Kosmologische Betrachtungen zur Allgemeinen Relativitätstheorie« an gleicher Stelle hatten beiwohnen können oder nicht, einigermaßen verblüfft haben. Denn das von Einstein gewählte Thema lautete: »Über die Ursache des Mäander-Phänomens bei Flussläufen«. Seine Ausführungen erschienen kurze Zeit später in der Zeitschrift *Naturwissenschaften* in gedruckter Form, in demselben Forschungsorgan also, worin ein knappes Jahrzehnt später eine quantenmechanische Überlegung Schrödingers veröffentlicht werden sollte, die unter der Bezeichnung »Schrödingers Katze« bald zu den Denk-Ikonen der Physikgeschichte gehören würde.

Es ist also keineswegs Zufall, wenn Schrödinger dort auf Einsteins Überlegungen zum Mäandern stößt, und ebenso wenig, wenn er glaubt, nun endlich eine Erklärung dafür gefunden zu haben, wodurch der extravagante Wirbel in der Teetasse seiner Frau – und damit in allen Teetassen der Welt – zustande gekommen ist und wie dieser mit der Mäanderbildung von Flussläufen aufs Engste verknüpft sein musste. Nachdem er die physikalische Erklärung überprüft und seiner Gattin daraufhin die Zusammenhänge dargelegt hat, versäumt er nicht, dem Kollegen ein paar delikate Worte darüber mitzuteilen: »*Sie sagt, sie wird jetzt nie wieder den Thee umrühren, ohne dabei an Sie zu denken.*« Dass ein Rätsel der Fluiddynamik eine Frau an einen Mann denken lassen kann, mag mit jener bemerkenswert wissenschaftserregten Zeit zusammenhängen. Doch hat es vermutlich auch etwas mit der Besonderheit von Einsteins Lösung zu tun, bei der es im Kern um Berührung und Reibung geht.

Was genau passiert hier, was nicht bloß das Verhalten von Teeblättern in Tassen, sondern die Form selbst noch der größten und mächtigsten Flüsse dieser Welt prägt? Zuerst müssen wir uns, darin Einstein folgend, vor Augen halten, dass auch in gleichmäßigsten Strömungen gelegentliche Störungen nicht ausbleiben. Mit Sicherheit aber ereignen sie sich an Stellen, wo die Strömung mit ihrer Umgebung in Berührung kommt. Also am Flussgrund oder Ufer, an der Wand oder dem Boden einer Tasse. Die Grenze des Systems wird zum Ort seiner Perturbation, seiner Verwirrung und Komplizierung. Im Fall des Flusses ist es die Reibung an einem rauen, festen Grenzmedium aus Stein und Erde, das die Flüssigkeit im Bereich der Grenzschicht mal mehr, mal weniger stark abbremst. Und das hat zur Folge, dass sich das Gleichgewicht zwischen zwei Kräften, die beim gleichmäßigen Strömen idealerweise ausbalanciert sind, plötzlich verschiebt: die Balance zwischen jener – wie beim Karussel – nach außen gerichteten Zentrifugalkraft und der ihr entgegen, nach innen gerichteten Druckgradientenkraft.

In jenem Moment nun, wo es zur Reibung und Geschwindigkeitsverringerung an der Grenze kommt, überwiegt physikalisch auf einmal die Druckgradientenkraft, was nichts anderes bedeutet, als dass die Flüssigkeit beginnt, eine Kapriole auszuführen. Zwar strömt sie wie bisher weiter vorwärts, gleichzeitig beginnt sie jedoch, quer zu dieser Strömungsrichtung zu fließen, von außen nach innen. Der Fluss springt gewissermaßen durch seine von ihm selbst hervorgerufenen, quer zur eigenen Fließrichtung verlaufenden Strömungsringe, die in der Folge dafür sorgen, dass Sand und Steine an jeder Biegung von deren Außenseite zur Innenseite (dem Gleithang) bewegt werden. Oder Teeblätter von allen Seiten zum Mittelpunkt der Tasse. Ein physikalischer Zirkus.

So stichhaltig Einsteins Erklärung war, so war er doch keineswegs der Erste, den dieses geheimnisvolle Phänomen umtrieb und der als Erklärung die Grenzreibung und jene vom Fluss aufgebaute Querströmung als Ursache anführte. In Wahrheit nämlich hatte das Mäandern die klassische Physik bereits seit Mitte des 19. Jahrhunderts intensiv zu beschäftigen begonnen. Ob Paris, St. Petersburg, London oder Wien – kaum eine europäische Wissenschaftsakademie versäumte es, eine Forschungsdebatte darüber zu führen. Und es dauerte dann auch nicht lange, bis man erkannte, Mäander hingen nicht bloß eng mit dem winzigen Taifun in einer Teetasse zusammen. Derselbe Wirkungszusammenhang konnte auch bei der gewaltigen Fluiddynamik atmosphärischer Bewegungen beobachtet werden.

Doch je mehr das wissenschaftliche Verständnis darüber anwuchs, desto komplexer stellten sich die realen Umstände dar. Eine empirische Komplikation, die durch die hinzukommende Frage noch komplizierter wurde, ob bei Mäandern neben der Zentrifugalkraft die Corioliskraft wirklich unberücksichtigt bleiben dürfe – wenn eine Masse wie beispielsweise Flusswasser in einem rotierenden System – etwa der Erde – nicht ruht, sondern wenn sie sich im Verhältnis dazu selbst bewegt (was dafür sorgt, dass der Wasserspiegel in Flüssen auf der nördlichen Hälfte des rotierenden Globus am rechten Uferrand stets höher steht als an deren linkem).

Abgesehen von diesen Schwierigkeiten bleiben nicht berechenbare Turbulenzen beim »Mäander-*Phänomen*«, mithin Fragen des physikalischen Chaos, bis heute das weitaus größere Problem. Solange eine Strömung nämlich einfach so dahinrinnt, solange ihre Flüssigkeitsfäden oder -schichten gewissermaßen parallel geordnet nebeneinander laufen, solange ändert sich nichts am idealtypischen Gleichlauf. Doch sobald ein Ereignis auftritt, das die laminare Strömung auf ein Hindernis oder eine Reibungsfläche treffen lässt – der Normalfall in einer Realität, die hauptsächlich aus Hindernissen und Friktionen besteht –, verwickelt sich die Linearität rasch in Strudel und Verwirbelungen, dann formen sich aus ihr die fraktalen Gebilde einer turbulenten Strömung. Das System eines geraden Gleichlaufs und der Stromlinienförmigkeit löst sich in Querrotation, Rückläufigkeit und in unzählige in sich selbst kreisende und geschwungene Bewegungen auf. Es entsteht, resultierend aus »Verwundungen«, hervorgerufen durch ungleiche Materien, ein verknäultes Strömen, mit dem Kräfte des Chaos einfließen, die sowohl menschliche wie computerisierte Berechnungen an ihre Grenzen stoßen lassen.

Seit den ersten fluiddynamischen Erklärungen gekrümmter Strömungen hat die Forschungsarbeit der Physik die Einsicht bestätigt, dass dort, wo es innerhalb von Strömungen zur Touchierung kommt, wo das reibungslose Fließen etwas Widerständiges, etwas von verschiedener Substanz und Dichte berührt, an die Stelle einer Welt des schnurgeraden Fortlaufs eine Vielzahl von Inversionen, Krümmungen, Kehren, Turbulenzen und Querzirkulationen tritt. Eine Vielzahl an Formen, die, ohne dass man ein versierter Physiker zu sein braucht, unschwer erkennen lassen, dass sie ohne Störung oder ohne Reibung nicht entstehen und sich entwickeln könnten. Gerade deswegen lassen diese nicht trivialen, dynamischen Gebilde es vielversprechend erscheinen, eine Übertragung auf andere fluide Prozesse in Zeit und Raum zu erwägen. Denn jedem Mäander lässt sich eine Grundeigenschaft ansehen: Die Ausbildung und Fortentwicklung von Fließsystemen laufen irgendwie und immerzu auf krumme Geschichten hinaus, besitzt antistatische Wechselseitigkeit doch an sich eine Tendenz zum Mäander. Noch beim dezenten Rühren in einer Teetasse hat man damit zu rechnen, dass alles, was im Fluss ist, in Bögen, Wendungen und in Kreisen kreisenden Strömungen vor sich geht. In Schlingen, die ineinander verschlungen sind.

4. Das Ufer ist der Fluss

Der Mäander ist Metapher, Morphologie und Materialität. Mir liegt daran, das möglichst präzise zu unterscheiden, nicht jedoch, es strikt zu trennen. Denn erst in der Korrelation – von Schlange, gekrümmter Linie und Fluss – offenbart uns der Mäander die spezifische Dichte eines elementaren Phänomens. Seine Dichte besitzt zunächst die Eigenschaft einer Formfrage, die sich in der Sprache des Raums, der Gestalt sozialer Zeit, schließlich in der Formatierung unserer Lebensmodelle und Subjektivitäten äußert. Wie leistungsfähig, produktiv, zielstrebig, machtvoll, effizient und schnell eine Struktur oder ein lebendes System letztlich ist, hängt im Wesentlichen von dieser weit über Ästhetik und Stilkonventionen hinaus-, nämlich tief in unser geschichtlich verantwortetes Leben hineinreichenden Formfrage ab.

Vorausgesetzt, sie werden nicht gewaltsam zu einer Art Kanal begradigt, gehört es zur Natur von Flüssen, sich umständlich durch die Landschaft zu schlängeln, dort mit vielen verschlungenen Seitenarmen hineinzugreifen. Im Gegensatz zu Autobahnen oder Eisenbahntrassen, die geradewegs durch die Landschaft geschnitten und gesprengt werden, charakterisieren sich natürlich entwickelte Flüsse durch ihre Abweichungen. Die eigentümliche Formgewandtheit des Mäanders perfektioniert die Choreografie der Ablenkung allerdings nicht aus mystischem Mutwillen oder aufgrund einer Art naturalistischen Spieltriebs. Vielmehr bildet sich darin ein Moment realer Unverfügbarkeit ab.

Flüsse sind gute Lehrer. Ich kann das nach meinen am Fluss verbrachten Jahren mit einiger Bestimmtheit sagen. Wenn ich aus dem Fenster meines Arbeitszimmers oder von einem nahe gelegenen Berg schaute und meine Augen dabei der Bahnlinie folgten, wie sie seit dem 19. Jahrhundert am Dorf vorbei unverändert das Tal durchschneidet, dann konnte ich feststellen, wie die Schienen den Fluss, der sich mit seinen Windungen von einer Talseite zur anderen bog, immer wieder überbrücken mussten. Ich sah: Der Fluss unterläuft und durchkreuzt die Linie. Es war kein Kraftakt, kein abstrakter Plan, womit er sich der Landschaft einprägte. Vielmehr folgte er der Gesetzmäßigkeit einer unendlich langen Berührung. Ich begann mit der Zeit, etwas davon zu begreifen, wie sich in seiner Gestalt jene unlösbare Verbundenheit von Gewässer und festem Boden ausdrückte, durch die sich jene einzigartige Form bildete. Der Mäander, lautete meine Schlussfolgerung, ist ein

Gebilde der Relationalität, des stetigen Kontakts, einer Beziehung.

In gerader Linie – dieses Prinzip organisiert das Höchstmaß und bedeutet eine Art Superlativ der Form: am direktesten, kürzesten, schnellsten. Das Maß des Zeitverbrauchs gehört zum Regime ebendieser Linie. Dagegen wird man den Mäander allenfalls komparativisch begreifen können, im Verhältnis zu etwas anderem, zu einer komplexen Umwelt, die er berührt und die Teil seiner Gestalt wird. Gerade Linien sind das Ergebnis möglichst totaler Eigenbestimmung. Der Mäander hingegen ist Resultat eines Wechselspiels. Er folgt einem Realismus, der, umgebungsbezogen, mit höheren Komplexitäten und ständigen Austauschprozessen zu rechnen gelernt hat.

Mit anderen Worten: Die gerade Linie ist Vorschrift innerhalb eines Konflikts, der Mäander Mitschrift einer Begegnung. Konkret zeigt sich dies, wenn wir uns noch einmal eine Autobahn (ein technisch dynamisches Dispositiv) vor Augen halten, wie sie sich, ohne Rücksicht zu nehmen und möglichst linear, durch den Landschaftsraum schneidet, um die Geschwindigkeit des Lebenstempos, die Mobilität von Körpern, zu maximieren. Dagegen der Fluss-Mäander (eine natürlich dynamische Form): Er bildet nicht den Umriss eines Diktats, sondern gestaltet sich als Wechselspiel oder Dialog mit seiner Umgebung. Dabei drückt er eine andere Form von Zeit aus, eine langsame, seiner Umwelt angepasste, verschlungene Zeit. Man kommt seiner Eigenart näher, wenn man in Betracht zieht, dass der Mäander, ganz allgemein gesagt, aus fortwährenden Berührungen, aus Zuwendungen und Abwendungen hervorgeht. Auf diese Weise entwendet er der Zeit ihre Fremdheit und Ferne, indem er die Wechselseitigkeit von Ich und Du, von Hier und Jetzt entstehen lässt.

Damals, am Fluss, habe ich noch etwas Weiteres verstanden: Jeder Flussgrund treibt, jedes Ufer bewegt sich. Auch sie sind Teil des Flusses, Teil eines innigen Zusammenhangs, einer die Umwelt einbeziehenden Parabiose. Es ist nicht ohne Bedeutung, dass wir den Mäander als eine Bewegung zu verstehen haben, die sich auf das Umliegende passiv wie aktiv bezieht: Sie wird davon ebenso geformt, wie sie dieses selbst formt. Mäander sind interaktive und intereffiziente Systeme. Die sich stetig verändernde Kurvenlinie mit ihrer Variation an Krümmungen bringt eine wechselseitige Wirkung oder Beeinflussung zum Ausdruck. Sie ist eine Art Grafik fremder und eigener Kräfte, deren untrennbare, vielfältige Gegenseitigkeit sich in Schlangenlinien manifestiert.

Fluss und Ufer werden im Mäander zu einer ineinander enthaltenen Beziehung. Sie stellen darin nicht bloß zwei unabhängige Dinge dar, vielmehr verwirklicht sich im Mäander eine Inklusivität, in der sich die Resonanz auf die Frage von Macht und Machtverzicht vernehmen lässt. Während sich mit jeder geraden Linie ein Bestimmtwerden aufzeichnet, eine Befehlsform, kurz: Eintragungen von Macht, bindet sich die Figur des Mäanders als relationale Erscheinung an eine Berührung von – mindestens – zwei unterschiedlichen Seiten, die sich nicht subordiniert beherrschen, sondern koordiniert beeinflussen. Das Herrschaftspotenzial, das jeder Berührung naturgemäß innewohnt, wird nicht einseitig gelagert – es findet sich gleichmäßig verteilt, was sich logischerweise problematisch auf Formen der Kontrolle auswirkt. Insofern ist an dieser Stelle einzuräumen: Der Mäander ist eine Negativität. Er fällt nicht unter ein vorausgehendes oder übergeordnetes Wissen, er widerstreitet Prinzipien von Kontrolle oder verordnender Planung. Zugleich ist es das Unausweichliche, das er leugnet. Denn das Unausweichliche wird als Biegung formalisiert, durch Ablenkung verneint und durch Querströmungen in der Zeit und mit der Zeit aufgelöst.

Während also lineare Gebilde (der Blick von der pyramidalen Spitze) aus ihrer absoluten Einseitigkeit sowohl einen zwingenden Machtanspruch über den Raum als auch eine finalistische Logik innerhalb der Zeit ableiten, liegen die organisierenden Kräfte des mäandernden Fließens im dynamischen Wechselspiel der selbstentwickelnden, sich selbst irritierenden und ablenkenden Korrelation. Statt kurzzeitig und situativ zu sein, ist die Berührung dabei kontinuierlich und prozessual: eine Beziehung oszillierender Einflüsse. Die interne Logik dieses Prozesses besteht nicht in der Produktion eines vorgegebenen Ergebnisses, sondern in der Praxis offener und allmählicher Evolution. So bildet sich der Mäander seiner Natur gemäß aus der langsamen und gewissermaßen rücksichtsvollen Form einer spezifischen Umständlichkeit.

Umständlichkeit ergibt sich, wenn in der Differenz von Akteuren oder Materien eine Art Gemeinschaft angenommen wird, die es erschwert, sich über das Andere, ob Ding oder Lebewesen, schlechterdings hinwegzusetzen. Aufgrund dieser Besonderheit entsteht bei Mäandern ein Gebilde von Entsprechungen, von zeitlichen und räumlichen Korrespondenzen »*wie lange Echos, die in weiter Ferne sich verweben / In einer finsteren und tiefen Unzertrennlichkeit*«. Was Baudelaire in zwei Gedichtzeilen einprägsam zum Ausdruck bringt, weist uns auf eine Art und Weise hin, mit jener Instabilität umzugehen, die zu den unabänderlichen Eigenschaften unseres im Fluss begriffenen Lebens gehört, und ihr dadurch das Schreckliche zu nehmen.

Das Ergebnis von Prozessen zwischen zwei oder mehreren Seiten, die ohne asymmetrische Verfügungsgewalt in Form einer anhaltenden

Berührung und eines transformativen Wechselverhältnisses vonstattengehen, sind ausnahmslos mäandernde Verläufe, ob in der Natur, bei zwischenmenschlichen Beziehungen oder großen gesellschaftlichen Entwicklungen. Ist es dann aber nicht unsinnig, den Fluss auf seine Fluss-Identität festzulegen und das Ufer auf seine Ufer-Identität, die in einem feststehenden Antagonismus existieren? Der Mäander, den sie bilden, ist schließlich die Gestalt einer Austauschbeziehung, die weder das eine noch das andere identisch mit sich bleiben lässt. Er ist eine dialogische Plastik. Dies so zu sehen, schließt die Einsicht mit ein, dass der äußere Antagonismus nicht hegemonial gebrochen, sondern in eine innere Beziehung verlagert und damit in einen vermittelten Zustand überführt wird, der anstatt stabil, endgültig und starr zu sein, tatsächlich transitorisch, formbar und offen bleibt. Der Mäander vermittelt, paradoxerweise, Halt und Fortgang, Fluidität und Stabilität. In ihm gelangt die formale Qualität von Interkonnexion und Koevolution fluvialer Systeme zur ganz realen Erscheinung.

Souveränität heißt fürs Strömen: nicht unumschränkt sein, sich nicht über anderes hinwegsetzen zu können. Es meint vielmehr, sich im Zusammenspiel von Kontakt und Interaktion mit der Umgebung, gerade angesichts von Hindernissen und Widerständen, eine eigenständige Richtung zu geben, deren Form – und damit auch jene der Umwelt – sich fortwährend neu entwickelt. In einem universellen physikalischen, biologischen und kulturellen Kräftespiel, das ein solchermaßen wechselwirkendes System freisetzt, bestehen in aller Regel komplexe Kurvenüberlagerungen, Ereignisknäuel, simultane Interferenzen. Zwischen Chaos und Gerichtetheit, irreduzibler Komplexität und Dramaturgie entscheidet am Ende der tatsächliche Austausch, die Intensität der dynamischen Gegenseitigkeit unter allen Beteiligten: den Gesellschaften, Individuen, Dingen, Techniken, Texten, Materien und nicht menschlichen Lebewesen.

Wenn, wie wir festgestellt haben, jeder Mäander, egal ob natürlich, sozial oder kommunikativ, ein relationales Gebilde darstellt, muss man sich im Zusammenhang fluider Austauschvorgänge darüber klar sein, dass eine solche bestimmte Existenzform mithilfe einer anderen bestimmten, sie bedingenden Existenz entsteht – und zwar gerade, um die Möglichkeit einer Unbestimmtheit zu erzeugen. Damit das geschieht, genügt es jedoch nicht, von Interdependenzen auszugehen, wo in Wirklichkeit Interkreativität vorausgesetzt werden muss. Denn auch wenn es oft verwechselt wird, so sind gegenseitige Abhängigkeit und produktive Koevolution doch zwei völlig verschiedene Dinge. Dort, wo eine Vielzahl von interkreativen Beziehungen stattfindet, entstehen naturgemäß Knäuel. Ein Knäuel deutet stets auf eine Pluralität interkreativer Verhältnisse hin. Es liegt also nahe, Verwicklungen, anders als es gewöhnlich der Fall ist, für einen glücklichen Umstand zu halten.

Um die diesem Umstand widersprechende Propaganda des Linearen (die der individualistischen Spitze die Herrschaft zuschreibt) zu unterlaufen, die das Reale maskiert und mit einer Folie orthodoxer Stringenz überzieht, wird es freilich erforderlich sein, den (nicht zuletzt moralischen) Apparat der Folgerichtigkeit und ableitenden Vernunft mit seinen Regeln, Imperativen und ideologischen Erfolgsbeteiligungen all seinen geschichtlichen Folgen gegenüberzustellen, ohne die dabei sichtbar werdenden Verluste und Verwüstungen zu verschleiern. Eine solche Operation wäre in der Lage, eine festgefahrene Kultur der Dominanz zu öffnen und unsere Blicke frei zu machen für eine andere Vorgehensweise, nämlich für die kontinuierliche Modulation der Richtung, die sich ohne Scham dem Verdacht der Ziellosigkeit und der Absolutheit der Bewegung selbst aussetzt, möglicherweise sogar der taoistischen »ungeschäftigen Beschäftigung«. Damit verlassen wir zwar nicht das problematische Feld von Souveränität, doch verschieben sich Wahrnehmung und Handlungsstile.

Wenn wir dazu bereit sind, die Regime des Handelns im Sinne der Möglichkeit von kreativer Unbestimmtheit zu verändern, wird sich in der Praxis selbst irgendwann ganz zwangsläufig die Erkenntnis niederschlagen, dass sich Souveränität nicht, wie die orthodoxe Moraltheorie das lange weismachen wollte, aus der freien Entscheidung des Einzelnen ergibt. Tatsächlich entsteht Souveränität im Wechselverhältnis unterschiedlicher Seiten, im Kräftespiel innerhalb eines Feldes. Das moralisch Skandalöse (das Schlangen-Böse) des Mäanders eines gewundenen Lebens liegt für moderne Subjekte in dem Sachverhalt, dass dieser die Freiheit oder Eigenwilligkeit auf unterschiedliche Punkte im Feld aufteilt. Souveränität stellt sich hier als Resultante einer gemeinsam geteilten Situation her. Die Ethik kofluvialer Freiheit ist dazu in der Lage, ein neuartiges Denken über unsere Handlungsmöglichkeit und Selbstmächtigkeit in Gang zu setzen, das sich von den individualistischen Fallstricken liberaler Egoismen und der damit verbundenen Problematik einer hegemonialen Ausplünderung von Menschen und Natur-Erde ablöst. Weder geht es um Autonomie noch um Heteronomie, das aktive Prinzip des Mäanders ist vielmehr Polynomie.

Mit der Kraft einer formalen Transzendenz überschreitet der Mäander sowohl Ufer als auch Fluss, um aus dem Wechselspiel unterschiedlicher

Trägheiten, Dichten, Substanzen, Naturen oder Wesen etwas Drittes hervorgehen zu lassen, worin das Verschiedene sich verwandelt hat, indem es materiell und energetisch aufeinander bezogen wird. Das Fremde und Eigene, der Fluss und das Ufer werden durch den aktiven Mäander in ein Verhältnis bilateraler Implikation gesetzt. Subjekte wie Objekte, der oder die oder das andere und ich selbst, werden in Prozessen, die im Fluss sind, von einer Gestalt, die über beide hinaus liegt, auf etwas anderes, Neues zubewegt, das für keine der Seiten auf andere Weise überhaupt erreichbar gewesen wäre. Mit einem Wort: keine Beseitigung der separierten Seiten, stattdessen ihre Vermittlung in einer die substanzielle Differenz überwölbenden Morphologie und Transformation. Das legt, in schöner Metaphorik, bereits die Sprache nahe: Jeder Fluss hat notwendigerweise ein Bett. Während er durch Landschaften strömt wie Blut durch unseren Körper, ist er in das Land gleichzeitig eingebettet. Zeichentheoretisch ausgedrückt: Im Begriff Fluss ist der Begriff Ufer enthalten. Anders als Spinoza dachte, bedeutet hier Bestimmung nicht Negation, stattdessen gilt: *determinatio est inclusio*. Dabei müssen Flüsse als jene offene, beeinflussbare und inklusive Form, die wir als Mäander erkennen, zweifellos den ephemeren, vorübergehenden und wandelbaren Erscheinungen zugeschlagen werden. Ebenso stimmt es aber, dass ihre prekäre, wandelbare Verfassung sie mehr der Gegenwart anheimgibt, als das für konstante, dominante Formen und Verhältnisse jemals zutreffen könnte. Die gerade Linie ist geschlossene Form, sie diktiert; der Mäander liest und schreibt zugleich.

Niemand wird sich nach dem Gesagten wirklich wundern, wenn als direkte Folge des Imperativs, der Mensch müsse sich an die Spitze stellen und sich in hegemonialer Manier zum »*Herren und Besitzer*« (Descartes) der Natur machen, ein Teil der sozialen und naturalen Welt zerstört und ihre Identität ausgelöscht wurde und weiterhin wird. Wenn die Rationalität der Nicht-Relationalität die Verletzlichkeit des Lebens, das in Wahrheit aus einem universellen Mäandern besteht, schmerzhaft zum Vorschein bringt. Aus diesem drängenden Grund ist es in der gegebenen historischen Situation vorrangig, aus einem potenziell gegenläufigen, antagonistischen Aufeinandertreffen ein koordiniertes, koevolutionäres Geschehen zu machen. Identität – einseitige Selbstfixierung von Ufer und Fluss, Fortschritt und Beharrung – wird sich einzig dann nicht aggressiv und tödlich auswirken, wenn sie sich auf diese Bewegung einlässt und sich dadurch von sich selbst entfernt. In einer vielseitigen, berührungsreichen Welt von Beziehungen, wie sie der Inklusivitätslogik allen Lebens entspricht, offenbart sich inzwischen in drastischen Entwicklungen, wie die Verwundbarkeit der Natur an jene des Menschen rückgekoppelt ist. Nicht länger lässt sich der Einsicht ausweichen, dass die menschliche Bevölkerung im gleichen Grad beeinträchtigt, beschädigt und verwundet wird wie die planetarische Umwelt. Es ist gewiss eine unbequeme Wahrheit zu erkennen, dass auch die Bewegung gegenseitiger Verletzungen mäandert. Dies nicht zur Kenntnis zu nehmen, würde allerdings noch weitaus größere Unbequemlichkeiten zur Folge haben.

Kein Ziel, so hochfliegend und wertvoll es sein mag, ist allein durch eine Individualität legitimiert, auf eigene Faust und im Prinzip hegemonial verfolgt zu werden. Ein solches Vorgehen würde letztlich nur ein äußerstes Machtgefälle beschreiben. Demgegenüber gehört die Zumutung der nicht abschließbaren Identität und Selbstveränderung zur stofflichen, sinnbildlichen und formalen Wahrheit des Mäanders. Denn wo es nicht darum geht, Unterschiede – Wesenheiten, Trägheit, Dichte, Rauheit oder Milieus – konflikthaft und polemisch aufeinanderprallen zu lassen, kompromittiert der Dialog den machtvollen Befehl nicht weniger, als dass das solidarisch geteilte, Rücksicht nehmende Leben die geradlinige Laufbahn beschämt. Richtige und wichtige Ziele gehen, das ist die Lektion der dialogischen Plastik, aus dem Zusammenwirken von Andersheiten erst hervor. Mit einem Wort: Ich habe kein Ziel, weil wir erst Ziel werden. Weil es in der aktiven Gegenseitigkeit, der Zuordnung unterschiedener Wesen ausgelotet, ausgerichtet und ausgemacht wird. Ziel bedeutet Koinzidenz, bedeutet Differenzen, die, erst einmal in Fluss geraten, in eins gleiten. In flüssigen Prozessen existiert kein Außerhalb und kein Oberhalb, was in meinen Augen eine Konstellation gegenseitigen Respekts perfekt beschreibt.

Seit mit Aristoteles' *Metaphysik* der unabgelenkten, gleichsam reinen Linie gegenüber der gekrümmten eine höherwertige Einheit und Kontinuität zuerkannt wurde, verbindet sich Geradlinigkeit mit Unbeugsamkeit, Linientreue, Unbeirrbarkeit und Zielfestigkeit. Die linear hierarchische Einseitigkeit übersieht in ihrer Blindheit jedoch hartnäckig die Qualitäten einer adaptiven organischen Evolution mit ihren nicht linearen Umbildungen. Sie verkennt jene nonautoritäre Verbundenheit der Anverwandlung, die das Wunder des Lebens, der vitalen Wechselseitigkeit trägt. Um jedoch kein Missverständnis entstehen zu lassen, sei an dieser Stelle betont, dass ich weder von Metamorphose noch von Mimesis rede. Das Identische geht beim Mäander nämlich nicht im Anderen verloren, vielmehr erweitert, reformuliert oder dekonstruiert es sich durch das Nichtidentische, Andersartige und Fremde, und zwar auf ausnahmslos allen der daran beteiligten Seiten.

Es hat folglich einen guten Sinn, neben natürlichen Entwicklungen auch in Kulturen eine nicht ans Ende kommende Plastizität festzustellen. Ähnlich einem Fluss, der sich unablässig bewegt und sich dabei – für unterschiedliche Einflüsse offen – selbst formt, so werden Gesellschaften in einem sich selbst gestaltenden, wechselwirkenden Prozess voller Reibungen allmählich und – in einer Art von Selbstinspiration und reflexiver Innigkeit – ebenso unablässig zu dem, was sie an sich sehen und für sich tun. Soziale Gebilde verleihen sich auf diese Weise eine unverwechselbare Form im Raum wie in der Zeit, und sie vergegenwärtigen diese Form schließlich als ihre Geschichte. Diese Geschichte, die sich in den Wechselfällen unzähliger Schleifen und Wendungen von Handeln und Bewusstwerden ausbildet, erzählt von der nicht linearen Geschichte kollektiver Selbstwahrnehmung, von den eigentümlichen Selbstformungen mittels der hin und her gehenden Windungen fließender sozialer Bewegungen.

Das alldem zugrunde liegende *»dialogische Prinzip«* (Martin Buber) akzentuiert an der Mäanderfigur sowohl ein morphologisches wie ein semantisches Verfahren, dem in gesellschaftlichen Prozessen eine ausschlaggebende Bedeutung zukommt. Diese Verfahren bestreiten zu wollen, liefe auf nichts anderes hinaus, als das eigentlich

Menschliche am Menschen zu verfehlen. In einem solchen Fall würde die Sprache, wie im Übrigen jede andere Kommunikation auch, sofort erstarren, fröre sie schließlich auf einer Seite ein – ein nicht endender *frozen conflict*. Die einseitige Sprache aber ist nichts anderes als das Kommando. Sie baut auf eine absolute Macht, die sich das Ohrenverschließen leisten zu können glaubt, liegt die Voraussetzung jedweder Befehlsstruktur ja im Nichtzuhörenwollen, jeder Despotie auf einseitigem Rederecht. Trotzdem sollte gerade unter autoritären Bedingungen die politische Tragweite des Sachverhalts nicht unterschätzt werden, dass in jedem noch so diktierenden und einseitigen Reden ein unterschwelliger Bezug zum autonomen, ungezwungenen Gespräch erhalten bleibt.

Wir würden die Eigenart von Sprachen verkennen, interpretierten wir sie vorrangig als ein festes System aus lexikalischen Einheiten und grammatischen Regeln. Denn grundsätzlich ist Sprache eine aktive dialogische Begegnung, durch deren Manipulation diese faktisch aufgehoben wird. In keinem Moment lässt gesprochene Sprache einen linearen Ablauf zu, außer die Kommunikation wird einem Höchstmaß von Kontrolle und Standardisierung unterworfen, wie es beispielhaft in Fällen von Anweisungen oder reiner Informationsweitergabe passiert. So, im zeitlichen Fluss einer dialogischen Begegnung, versteht sie auch Franz Rosenzweig: »*Sprechen ist zeitgebunden, zeitgenährt; es kann und will diesen seinen Nährboden nicht verlassen; es weiß nicht im voraus, wo es herauskommen wird; es lässt sich seine Stichworte vom andern geben.*« An den Gedanken, einen Mäander in Gang zu setzen, muss sich also gewöhnen, wer mit einem anderen Menschen in ein wirkliches Gespräch einzutreten wünscht. Man weiß an seinem Anfang nie, welche Wendungen das Gespräch nehmen und wo man am Ende herauskommen wird. Dieser Sachverhalt liefert einen Hinweis auf eine wichtige Eigenschaft des Mäanders: nämlich auf seine unaufhebbare Latenz, die nicht reduzierbare Wirklichkeit vieler und oftmals verborgener Richtungen.

Jedes Gespräch ist ein Konverter. Die Konversation, der geschlängelte Gesprächsfaden, wendet Dinge hin und her. Statt hierarchischer Ansagen und anstelle eines formalen Kanons des Verfügens plädiert die Vernunft schwingender, biegsamer Systeme sowohl für die nicht koloniale Solidarität eines interkulturellen Redeflusses wie für eine nicht hegemoniale Austauschbeziehung zwischen unterschiedlichen Lebensformen. Die Alternative, die wir nach einer langen Phase westlicher Diktate in diesem Jahrhundert anstreben sollten, liegt in der intensiven Berührung zahlloser Fremdheiten, bei der im Fluxus der Differenz jener Strom eines einzigartigen intersubjektiven und transkulturellen Gesprächs entsteht: das Mäanderspiel der dynamischen Beziehung von Eigenem und Anderem, von Widerspruch und Aneignung, Diskrepanz und Anerkennung.

Trotz nicht verstummender gegenteiliger Behauptungen meinten Herbert Spencer und Charles Darwin mit »*survival of the fittest*« nicht, der Durchschlagskraft der Rabiatesten gehöre die evolutionäre Zukunft. Vielmehr ging es ihnen um Anverwandlung innerhalb kooperativer Beziehungen, geht es dabei um die Überlebensfähigkeit des Tänzers, der seine weiteren Schritte in enger Berührung mit seiner unmittelbaren Umgebung übt – und sie mit ihm die ihren. Was dabei herauskommt, ist nichts anderes als ein geschwungenes Leben.

Bis zu diesem Punkt lässt sich festhalten: Erschaffen in einem Raumlabor, bringt der Mäander die territoriale Szenerie zugleich hervor. Ein Widerspruch, der seine Auflösung durch Übertragung von Logik in Zeit erfährt, durch die Empirie des Veränderbaren. Die flexible Schwingungskurve gehört zu einer poetischen Geologie, zur topischen Ästhetik des Versehrbaren und zum wechselvollen Zauber des Parabiotischen. Zwischen Grafik und Prosodie können wir sie umdeuten als kartografische Spielanleitung, als abstrakten Maßstab und als Einschreibung. Oder wir können sie als konkrete, materielle Metapher politischen

Wandels und gesellschaftlicher Verläufe interpretieren. Fließende Überschreibung der Überschreibung, Palimpsest und Provisorium, das wäre, vorläufig, eine imaginäre Karte zur Handreichung für ein anhaltend schwingendes Leben.

5. Liquidierung und Fluktuation

Einer der nicht zu bestreitenden Vorzüge akademischer Lehrtätigkeit liegt im Austausch, sprich in der stetigen Chance, sich von Studierenden fortbilden zu lassen. Einmal stellte ich während eines Seminars eine Frage, durch die ich mir erhoffte, zu begreifen, was es bedeutete, die Welt mit einem bestimmten, von meinem eigenen vielleicht abweichenden Zeitgefühl zu betrachten. Im Grunde genommen wollte ich damit etwas über das Erleben von Zeit erfahren, das generationell möglicherweise schwankte. Also fragte ich nicht danach, was die Zeit sei (eine Frage, die schon Augustinus perplex gemacht hatte), sondern wie sie erlebt werde. Die Antwort fiel zu meiner Überraschung einhellig aus: Zeit, bekam ich zu hören, sei etwas Flüchtiges, Veränderliches, fortwährend Beschleunigtes, etwas Unstetes und Unberechenbares.

Das Bemerkenswerte, was ich dabei lernte, war, dass während des Aufwachsens jener Generation des ausgehenden 20. Jahrhunderts einstmals vorherrschende oder wenigstens vertraute Erfahrungsweisen der Zeit – nämlich Dauer, Beständigkeit, Beharren, Kontinuität – offenbar liquidiert worden waren. Und auch eng mit der Zeit verknüpfte Größen wie Substanz und Wesenhaftigkeit hatten einen markanten Plausibilitätsverlust erfahren. Fortan galt (und gilt) also: Die Zeit *»selber geschieht«* (Franz Rosenzweig), und zwar unaufhörlich und mit hoher Ereignisdichte. Das stülpt die Lebenserfahrung der Zeit von Grund auf um. Denn von nun an wird sie in der Wahrnehmung zu einem Linienbündel parallel prozessierter Vorkommnisse, die selber geschehen.

Unterdessen hat es sich über kulturwissenschaftliche Debatten hinaus herumgesprochen, dass Festigkeiten heute nicht mehr von der Essenz, Konsistenz und Dauer früherer Zeiten sind. Vielmehr sehen wir mit Montaigne die Welt in jener *»natürlichen Trunkenheit«* schwanken, mit der *»wir wie alle sterblichen Wesen ohne Unterlass dahinfließen«*. Was vormals dauerhaft, solide und verlässlich war, verliert an Haltbarkeit. Und worauf man einmal bauen konnte, dessen Fundamente sieht man rasch bröckeln. Mit paralleler Dynamik nehmen Erwartungen zu, deren dicht gedrängten Sammelplatz die immer nächste Zukunft ausmacht.

Es ist der skeptisch-scharfsinnige Kopf von Zygmunt Bauman gewesen, dem der leerlaufende, geradezu besessene Schematismus der Moderne auffiel, das Feste und Beständige in den kulturellen Aggregatzustand von Geschmolzenem und Flüssigem zu überführen. Sein Begriff dafür lautet bekanntlich »*liquid modernity*«. Zuvor schon hatte Ulrich Beck »*ein Verfließen oder Unterlaufen der Grenzen*« zwischen industriellem, dienstleistendem und informatorischem Sektor beobachtet, verbunden mit der »*Verflüssigung der Politik zum politischen Prozeß*«. Damit ist gemeint, dass an die Stelle streng gegliederter Sozialsphären und der hierarchisch organisierten Umsetzung politischer Programme und Vorhaben eine vielseitig offene Durchdringung, Einflussnahme und Entscheidungsbildung tritt, die keinesfalls geradlinig auf ein vorgefasstes Entscheidungsziel zuläuft. Heißt: »*Die Machtteilung im Modernisierungsprozeß selbst gerät in Fluß*«.

Zu diesen nicht zu übersehenden Tendenzen des 20. und 21. Jahrhunderts, an die sich Staaten und Gesellschaften teilweise durch Entwicklung einer »*liquid democracy*« anzupassen versuchen, kommen die schnellen Netzwerke der kapitalindustriellen und digitalen Moderne hinzu. Die grenzenlose Energie der Kapitalströme (die uns auf das semantische Spiel zwischen Fluss und Kapital aufmerksam macht), von der die Warenströme und die hochmobilen Menschenströme angetrieben werden, erschafft ein weltweites Fluidum, in dem Gesellschaften und Wirtschaftsräume ausnahmslos treiben. Alle unternehmen sie höchste Anstrengungen, sich über Wasser zu halten, das für sie immer beides zugleich ist: Nährlösung und toxisches Milieu.

Im Zuge dieser äußerst kraftvollen Entwicklung vermischt sich der um die Erde kreisende Geldfluss in kaum noch durchschaubarer Weise mit dem Datenstrom. In gegenseitiger Beeinflussung lassen sie keinen Flecken des Erdballs aus – sie sind in der Lage, ein Gebiet ebenso schnell austrocknen zu lassen, wie sie es zum Erblühen bringen können. Wird ein bestimmter Ort plötzlich liquid, wirkt es wie eine zweite Kosmogenese, wo der machtvolle Fluss von Geld, Daten und Menschen aus toter Wüste gewinnträchtigen Boden und pulsierendes Leben entstehen lässt.

Im digitalen Raum fließt alles pausenlos auf uns zu und gibt uns das Gefühl, wir bräuchten einfach nur einzutauchen in diese Energie einer mit starker Strömung uns umspülenden Flüssigwelt. Tatsächlich aber läuft man dadurch Gefahr, dass die Immersion in diese ozeanische Welt, die beständig mit großen und kleinen Informationsströmen in unzählige Richtungen abbiegt, unsere Selbstwahrnehmung tausendfach spiegelt, echot, verzerrt und uminterpretiert. Das feste Du, das zur Konstitution des Ichs und der Identität unverzichtbar ist, verwandelt sich zur ungreifbaren, liquiden Multitude.

Zusammen genommen schlägt sich all das in einem Gesamtbild nieder: Das anthropologische Experiment, wie es sich gegenwärtig darstellt, führt zur Fluidalexistenz. Es folgt Prozessen, die allgemein (universal) werden, Kosmologie, Bindungskultur und Wertestruktur betreffen und die es notwendig machen, im Livestream weniger etwas Medientechnisches als weit mehr die Dimension einer weltweiten Kulturform zu erkennen. So spült die globalisierte Liquidität inzwischen nie da gewesene Mengen von Menschen von hier nach da: Geflüchtete, Migranten, Arbeitskräfte, Exilsuchende, *anywheres*, Abenteurer der Ungebundenheit. Das führt insgesamt zur beschleunigten Fluktuation von Dingen, Gefühlen, Beziehungen, Geschichten, Hoffnungen oder Begehren. Und je mehr sich die Kraft dieser allgemeinen Bewegung steigert, desto schwerer fällt es, sich davon nicht mitreißen zu lassen.

So ähnelt, woran wir Halt zu finden versuchen, dem Treibgut nach einem Schiffbruch. Unfassbarer und fremdartiger als jemals zuvor erscheint inzwischen die Vorstellung von Wirklichkeit als etwas Festem und Substanziellem. Weshalb niemand darüber in Erstaunen gerät, wenn eine solche Entwicklung fragwürdige Reaktionen auf den Plan ruft, die sich vehement dagegen wenden: religiöser Fundamentalismus, neues Nationalitätsbewusstsein, der stabilisierende Glaube an autoritär-paternalistische Herrscherfiguren, ethnisch-identitäre Schutzbündnisse. In einer Welt, die überall Unfestigkeit verströmt, versucht man es mit neuen Verhärtungen.

Obwohl einer derartigen Analyse die Zustimmung schwerlich verweigert werden kann, stellt sich mir doch die Frage, ob es nicht noch andere und vielleicht überzeugendere Antworten auf die »*global liquidity*« gibt? Könnte es angesichts dieser Beschreibung unserer Situation womöglich helfen, über ein mäanderndes Leben in schleifenförmigen Strömungen besser Bescheid zu wissen? Über fließende Formen einer neuen, einer nicht linearen, umständlichen und langsameren Ordnung, die wir allzu lange vernachlässigt haben? Und bestünde die Möglichkeit, dass wir uns dadurch sogar in die Lage versetzten, von der Gegenwart wieder mehr erwarten zu dürfen, als dass wir uns wie besessene, süchtige Spieler über unsere ruinösen Verluste durch eine nächste Partie hinweghelfen?

Zeitdiagnostisch feinfühlig wies Georg Simmel schon früh auf eine Moderne hin, der ihre hergebrachte substanzialistische Fassung abhandengekommen und in der stattdessen alles »*in Bewegungen übergegangen*« war.

> *[I]n rastlosen Umsetzungen durchströmt ein Energiequantum die materielle Welt, oder vielmehr: ist diese Welt; keiner Gestaltung ist auch nur das geringste Maß von Dauer beschieden, und alle scheinbare Einheit ihres Umrisses ist nichts als Vibration und das Wellenspiel des Kräftetausches.*

Ein Jahrhundert nach dem beginnenden Wellenspiel befinden wir uns inmitten des ozeanischen Schwappens und Wogens übermächtiger Strömungen, die keineswegs mit dem mäandernden, sozialen und intimen Rhythmus wechselseitiger Transformation verwechselt werden dürfen. Doch können wir damit die Frage nicht mehr umgehen, wie sich aus der amorphen, gleichzeitig die Addition des Vielen vorantreibenden und von infinitesimalen Partikeln durchspülten globalen Liquidität herausfinden lässt.

»*Dem Ufer nah / der trunkenen Flut*«, so hat Gottfried Benn den Ort eines neuen dionysischen Lebens beschrieben, in dem alles fließt und zusammenfließt. Die vor einem Jahrhundert noch bestehende poetische Provokation ist unterdessen, und zwar erstmals seit der vorsokratischen Antike, in eine totalisierende Kulturströmung übergegangen, die man mit Hans Blumenberg als »Neuen Heraklitismus« bezeichnen kann. Soll es aber bei der Zerstörungskraft einer reißenden, linientreuen und totalen Liquidität bleiben, oder unternehmen wir es, zu fluiden, dialogischen Formen zu gelangen, welche Langsamkeit zulassen, indem sie Kehrtwendungen, Schleifen und den wechselseitigen Austausch mit einer Umgebung, und sei es der Natur, unterstützen, die um vieles bedächtiger fließt? – Schlängeln wir uns anhand dieser Fragen weiter durch unseren Gedankengang.

6. Drei Fäden

Ein bestimmter Moment in der Geschichte der Kunst, der mir fast kindlich vorkommt, scheint mir im Zusammenhang der Überlegungen besonders erhellend. Er ereignet sich 1913 bei einem künstlerischen Versuch von Marcel Duchamp, der später selbst darüber sagen wird, dass er »*die Hauptquelle meiner Zukunft erschloss*«. Duchamp spannt zwischen seinen Händen einen weißen Faden, den er zuvor auf die Maßnorm von einem Meter abgeschnitten hat, wie er im Pariser Nationalarchiv auf einem Platinstab durch zwei Einkerbungen festgelegt ist. Dann lässt er dieses Ding, die straffe Linie, aus exakt einem Meter Höhe auf eine am Boden liegende Leinwand fallen, »*sich drehend, wie es mag*«. Anschließend wiederholt er diesen Vorgang noch zwei Mal. Dabei stellt er fest: Alle drei Fäden haben sich in Schlangenlinien angeordnet. Als er die Fäden schließlich mit Firnis auf die preußischblau gestrichene Leinwand klebt, ist ihm klar: Er fixiert jene Spielart von Freiheit, die man gemeinhin als Zufall bezeichnet.

Man kann behaupten, *3 Stoppages Etalon* ändere mit einem verwegenen Schritt, den die Kunst auf die Information und das epistemische Experiment zumacht, die Gespanntheit einer Epoche. Im Allgemeinen hängt die ästhetische Überzeugungskraft ebenso wie die inhaltliche Plausibilität kultureller Formen eng mit der Zeichenhaftigkeit zusammen, die Gesellschaften ihrer materiellen Umgebung aufprägen oder einschreiben, genauer gesagt, mit dem formalen Kanon des Verfügens und der Freiheit. Wer ist der Schöpfer oder Macher eines Werks? Aus welcher Konstellation von Kontingenz und Kontrolle geht es hervor? Bergen Ordnungen des Chaos möglicherweise Chancen von Autonomie, oder sind sie lediglich absurde Spiele? Welche Wirklichkeit und welcher (Un-)Sinn entsteht, wenn man ihnen Raum gibt?

In der Tat stattet der gängige Zeichenkanon sehr spezifische Formen und Handlungsweisen mit Bedeutung aus, wodurch gravierende Überformungen der natürlichen oder geschichtlichen Realität ausgelöst und fortgeschrieben werden. Dieser Zusammenhang macht Duchamps fallende Fäden, deren Ähnlichkeit mit einem Fluss auf der Leinwand nicht zu übersehen ist, zu weit mehr als einem beliebigen Augenblick innerhalb der Kunstgeschichte. Tatsächlich spielt er sich auf der Grenze von Index und Symbol ab, indem er dem Ereignis als solchem seine spezifische Würde zugesteht. Denn dass sich etwas ereignet, besagt doch, es tritt etwas ein, was nicht vorgefasst, vorgedacht, praktisch antizipiert und damit auf einem kanonischen Weg lediglich eine weitere Strecke darstellt. Mehr noch bringt es zum Ausdruck, dass das Ereignis etwas Undurchsichtiges und Unerfasstes in sich trägt, erkennbar daran, dass es aus der straffen Kette von Momenten und Fortführungen abbiegt, gleichsam ausschert und den Verlauf mit einer Kurve ändert. Wirkliche Ereignisse sind Krümmungsphänomene, deren Intransparenz gleichbedeutend ist mit der Polynomie der auf sie wirkenden Einflüsse.

Genau das machen Duchamps fallende Fäden sichtbar, mit denen er über die Unterscheidung von Kunst und Nichtkunst hinausgeht, und sie versetzen das Ereignis damit zugleich in den Raum von Signifikanz. Nimmt man die Sache der Kunst ernst, so lässt sich in Duchamps Versuch unschwer ein Akt der Revolte gegen den linearen Schematismus moderner Vernunft und Souveränität erkennen, welcher die vitale Logik der Relationalität ignoriert. Doch so sehr jede Gerade der Biegung, der Schleife widerspricht, kann sie, im Fall von Dekompression, dennoch Vorstufe des Gekrümmten und des wirklichen Ereignisses sein. Der mäandernde Faden lässt mit einem Mal die entspannte Linie zum Vorschein kommen. Jene drei fallenden Fäden Duchamps stellen, wenn man so will, das brillante Beispiel einer ästhetisch formulierten, umfassenden Entspannungspolitik der Moderne dar. Paradigma des Mäanderns.

Der Fall aus der Anspannung in die Entspanntheit bringt die Form einer Sache hervor, die in Fluss geraten ist. Verbunden mit dieser Wendung (Krümmung) gegen eine zielorientiert, zweckrational und effizienzgetrieben überspannte Epoche, gegen die in die Welt montierte Seh-Pyramide und gegen die unilateralen Plankonstruktionen eines zweiten, nämlich menschlichen Schöpfers der Welt (»*second maker*«), taucht mit dem Mäander ein nicht unwichtiger Hinweis auf das ursprünglich räumlich charakterisierte Utopische nun erneut in unserem Denken auf, das mit Zufall und Freiheit spielt. Denn es lässt sich erkennen, dass das utopische Motiv keineswegs als schöne neue Welt erfunden werden muss, die in die Zukunft verlagert wird. Es genügt schon, das utopische, gegenläufige Momentum in der Wendung der Dinge selbst ausfindig zu machen, ihre geheimen Andeutungen aufzugreifen und auszuweiten, um die Volte des Daseins mittels der eigenwilligen Würde des Ereignisses einzuleiten. Und zwar an einem konkreten Ort in einer datierten Zeit.

Man könnte also sagen, Utopien sind nicht progressive, sondern simultane und entspannte, für unmöglich gehaltenen Ereignissen gegenüber aufgeschlossene Realitäten. Mehr als zusätzliche und noch überspanntere Aufbauten der besten aller möglichen Welten zu ersinnen, verwirklicht sich ihr Impuls durch die Art ihrer geschichtlichen Gegenwendung innerhalb jenes konkreten Augenblicks, in dem sich ein allgemeines Anderes ausdrückt. Mit anderen Worten: In jedem wahren Ereignis liegt eine Tendenz zum Umschwenken, Abschweifen, Mäandern. In diesem sonderbaren Moment des Ungehaltenseins der Dinge wird die wachsende Unschärfe zwischen Loslassen und Freiheit zum kultivierbaren, der Imagination offenstehenden Raum. Mehr als um geschichtliche Überwindung geht es folglich um Entfaltung, um Explikation und Transformation von Gleichzeitigkeit. Dazu gehört allerdings auch, dass bei der Veränderung von Spannungszuständen, mit denen Mäanderdynamiken ausgelöst werden, kein abschließender Zustand oder ein gesichertes Resultat erreicht werden kann. Das liegt schlicht an der Eigenart von Utopien, es niemals ganz in die Realität zu schaffen, sich immer einen Teil ihrer idealen Entfaltung vorzubehalten.

Beim Blick auf die begrifflichen Figuren, von denen die utopischen Anspielungen des Mäanders begleitet werden, muss man sich eingestehen, dass sie ohne jenes hochgradig inszenatorische Pathos von Durchbruch, Umsturz oder Neuanfang auskommen. Keine Loslösung, kein Abkoppeln, Einschnitt oder Bruch. Ohne disruptive Ideologie, ohne das Prestige des biografischen oder geschichtlichen Dramas nimmt das Progressive die Form der Windung an, der Abbiegung und abweichenden Initiative, bis hin zur »*antistrofí*« (der Umkehr). Diese Windung geht – oft unerwartet und verführerisch – mit einer Überwindung einher. Eine unentwegte Re-Form. Dynamischer, unsolider Spielraum. Varieté neuer Richtungen innerhalb einer parabiotischen Ordnung.

Wo die fatalen Konsequenzen inzwischen bedrängend sichtbar werden, gewinnt Alexander von Humboldts Beschreibung eines kontinentalen Stroms über die naturale Darstellung hinaus allgemeine Bedeutung als ein provokatives, politisches Bild, zumal innerhalb jenes bereits nach Längen- und Breitengraden linear erfassten Erdraums: »*Der Orinoco gehört zu den sonderbaren Strömen, die nach mannichfaltigen Wendungen gegen Westen und Osten zuletzt dergestalt zurücklaufen, dass sich ihre Mündung fast in einem Meridian mit ihren Quellen befindet.*« Im Erfassen der Eigenart von Strömungen blitzt der erweiterte Sinn für das Schauspiel von Exkurs und Rekursion, von Krümmung und Schleife auf, innerhalb der unendlichen Variation des Mäanders, abgebildet auf ein intellektuelles oder gesellschaftliches Abenteuer.

Vor diesem Hintergrund gehört es zu den relevanten Überlegungen unserer Zeit, sich zu fragen, ob das artistische Experiment einer existenziellen und formellen Relaxation allein auf gesellschaftliche Handlungsbereiche einzuschränken wäre? Zwar wären wir hier sicherlich gut beraten, statt der Erzeugung wachsender kollektiver Erregungen nachzukommen, die sich – insgeheim befeuert von ängstlicher Unruhe – in geschichtlicher Fortschrittsenergie bahnbrechen, den hart gespannten Faden der Zeit aus den Händen fallen zu lassen. Denn manches spricht in unserer erkennbar desaströsen Zivilisationsform, in der das tonangebende Modell immer noch auf stressorische Sozialtechniken setzt, eingerichtet zwischen den Eckpunkten Konkurrenz, Steigerung und Erfolg, dafür, an die Stelle fortlaufender Spannungsmaximierung das Experiment maximalen Spannungsabfalls treten zu lassen. Doch müsste sein radikaler Impuls nicht auch auf natural-soziale Beziehungsgefüge, also auf Landschaften in einer global erweiterten Perspektive des nicht menschlichen Lebens, ausgedehnt werden? Anlass in diese Richtung zu denken besteht, wenn beispielsweise in der Paläontologie und Biologie vom Fluss der Gene gesprochen und vor dem Hintergrund einschlägiger Forschungsdaten die Evolution von Leben als Fluss interpretiert wird, nämlich als wechselwirkendes Zusammenspiel innerhalb eines evolutionären Feldes, mäandernd durch Unvorhersehbarkeit und Berührung, in dessen Dynamik das aktiv-passive Leben verändernd verändert wird. Besonders wichtig an dieser wissenschaftlichen Auffassung von Lebensprozessen scheint mir dabei, dass sie eine gut begründete Perspektive über den Neodarwinismus hinaus eröffnet.

Wenn die zeitliche Entwicklung von Lebewesen eine frappierende Ähnlichkeit mit der Evolution des Raums in Flussgegenden aufweist, dann lässt sich dies so interpretieren, dass sich an jedem Punkt des Strömens (der Entwicklung) Fluss und Umwelt am jeweils anderen (aus-)bilden. Nichts in der Welt ist einfach »an sich« vorhanden, nichts besteht als isolierte Monade oder heldenhaft alleinstehendes Individuum. Nichts wandert irgendwo ein, ohne Spuren zu hinterlassen, und nichts zieht eine Zeit lang folgenlos einfach irgendwo durch. Kurz gesagt: Alles macht etwas mit allem. Jedes Lebewesen dieses Planeten, so exzentrisch seine Nische auch sein mag, ist in ein dynamisches Beziehungs- und Berührungsnetz verstrickt. Dementsprechend wäre es ein Irrtum zu glauben, dem oftmals heroisch eingefärbten, angeblich darwinistischen Bild des Lebenskampfs mit seinen klar verteilten Rollen von Fressfeind und Beute, Sieger und Opfer, Stärkerem und Schwächerem käme größere evolutionäre Bedeutung zu als der Interkreativität des wechselseitig entworfenen Daseins-Mäanders. In einer Welt biologischer Open-Source-Programme, die ihr

Ziel nicht kennt, fließen im verschlungenen Fluss der Koevolution die Abhängigkeiten und Freiheiten aller Lebewesen innerhalb der Raum-Zeit zusammen. Damit verändert sich unser Bild vom Leben radikal. Einschließlich der Idiotie des Individualismus.

3 Stoppages Etalon. Es ist, als hätte Duchamp vor einem Jahrhundert etwas vorweggenommen, worauf zwei Weltkriege und ein von Atombombenarsenalen und neuen Kriegsschauplätzen überschattetes Zeitalter später die Hoffnung der Welt ruhen würde: Entspannung. Seine konkrete Metapher: der Mäander, das Orinoco-Modell. Seine Form: nicht lineare, geschwungene Narrative der Geschichte und Natur. Angesichts einer strukturell krisenhaften Gegenwart wird man sich der Erkenntnis kaum verschließen können, dass Duchamps kleine Aktion zur globalen Geste, zum zivilisatorischen Projekt werden muss. Es scheint geboten, die drängende, gehetzte, zielstrebige Zeit durch eine epische Zeit zu ersetzen, deren Wissen nicht in Daten, Formeln und Anwendungen, sondern in einer abweichenden Weisheit und dem Geheimnis des weitesten Wegs besteht, die etwas mit uns selbst und mit dem planetarischen Leben insgesamt zu tun haben, die es zum Schwingen bringen.

Wer erzählt, lässt die Linien, etwa der eigenen Geschichte, aus einem Meter Höhe auf die Erde fallen. Was dabei entsteht, sind die einzigartigen und sonderbaren Wendungen und Gegenwendungen – die Kontroversen – des Lebens: Volten und Revolten, Umkehr und Renegatentum, Konversion und Kata-Strophe, Reversionen oder Subversionen. Wer erzählt, begibt sich in einen Mäander, der regelmäßig mit einer Rück-Wendung beginnt.

> *Kaum dass eine Rückwendung zum vorher Geschehenen begonnen hat, weicht die eingeschlagene Richtung schon ab, wird innerhalb der Wiederkehr selbst eine neue Möglichkeit erkennbar. […] Bis man eines Tages, sich diese heimlichen Windungen zunutze machend, hinreichend Abstand erlangen kann, um erstmals imstande zu sein, sein Leben als Ganzes neu zu betrachten und ihm eine neue Orientierung zu geben.* (François Jullien)

Innerhalb jener anthropologischen Routine, bei der wir das Leben erzählen, entsteht erst die Gelegenheit, seine wahre Form zu begreifen, mit all jenen Kurven und Umschwüngen, aus denen es besteht, mit seinen verschlungenen Fäden. Allerdings muss ich präzisieren: Die wahre Form ist nur insofern wahr, als sie sich ebenfalls im Fluss befindet. Merkwürdigerweise hält die mäandernde Beweglichkeit eines Lebens, seine intrikaten Linienknäuel, die Vielfalt mehr oder weniger schwungvoller Biegungen, die an jedem Punkt ihre Richtung ändern können, über dessen Ende hinaus an. Wer an autorisierte Biografien glaubt, unterliegt somit einer grundlegenden Fehleinschätzung. Was man für die Wahrheit eines bestimmten Lebens zu halten geneigt sein könnte, lässt sich nicht – ähnlich wie in analogen Zeiten ein Negativ auf Fotopapier – auf eine Geschichte fixieren. Jedes Leben existiert, gleichgültig ob vor oder nach seinem Ende, ausschließlich in Versionen, sprich: in unterschiedlichen Wendungen von Sätzen. Die Zeichen schlingern. Und sie tun dies nicht allein in Fällen, wo es naheliegen könnte, von einem verschlungenen Schicksal zu reden.

Wären wir in der Lage, von Geschichte als einem idealtypisch auf eine Gerade gespannten Fortschrittsprozess abzusehen, entstünde die Chance auf einen erlebten Raum – für eine neue Version kollektiver Zeit. Nicht zufällig lassen sich gegenwärtig typische Signale einer derartigen Volte ausmachen, wodurch an die Seite der hergebrachten Rationalität nunmehr komplexere, kurvenreichere Wendemanöver treten. Wer in politischen Debatten mit vergleichsweise jungen Begriffsbildungen wie Agrarwende, Verkehrswende, Konsumwende oder Energiewende hantiert, ohne dabei lediglich die inflationäre Währung politischer Phraseologie in Umlauf zu bringen, der kann das ausschließlich im Rahmen einer kulturellen Konfiguration sinnvoll tun, bei der mäandernde, biegsame, kooperative Systeme zum Vorbild geschichtlichen Handelns erhoben werden. Derartige Systeme würden die vorherrschende gesellschaftliche Grammatik von Grund auf verändern und zu einem weitreichenden Konvertierungsprogramm führen. In ihrem heute noch unabsehbaren Ausmaß käme diese Revolte mit ihren aktiv-passiven Wechselspielen von Respekt und Veränderung, Umständlichkeit und Dynamik, schließlich mit der ökosensiblen Korrespondenz von Zivilisation und Natur in ihrer Dimension der Augustinischen »*epistrophe*« einer tatsächlichen Zeitenwende gleich.

7. Schlingern

»Die Bewegungsweise eines Menschen, mithin die Gangart eines Menschen ist von der Gangart aller übrigen Menschen bleibend verschieden« (Ludwig Klages). Unsere Bewegungen sind wie Fingerabdrücke, sind wie jeder einzelne Atemzug: einzigartig, individuell, unverwechselbar. Die Ursache dafür liegt in der Verschiedenheit der Körper selbst, in ihrer besonderen Proportion, Größe, inneren Spannung und Motorik.

Wer den individuellen menschlichen Gang einmal genauer beobachtet hat, erkennt darin alles andere als Geradlinigkeit. Bewegungsstudien zeigen: Schnurgerades Gehen gibt es selbst dann nicht, wenn von einer Person ein bestimmtes Ziel angesteuert wird. Denn Gehen besteht in einer fließenden Aneinanderreihung schwankender Ausgleichsbewegungen, weshalb jeder Mensch zu mehr oder weniger weit ausschwingenden Bögen neigt. Beim Gehen schwingt der ganze Körper.

Die Schulter der Schubseite schwingt vorwärts einwärts, die Schulter der Gegenseite schwingt zwangsläufig rückwärts einwärts. Beim nächs-

ten Schub geschieht der gegengleiche Vorgang. Also schwingt der Schultergürtel einmal rechts und einmal links herum. Da aber zur Zeit, da die Schulter der Schubseite vorwärts einwärts schwingt, auch die Hüfte der Spielbeinseite vorwärts einwärts schwingt, so befinden sich Schultergürtel und Beckenring andauernd in entgegengesetzter Bewegung. Der Rumpf dreht sich also wringend. In einer Bewegungseinheit schwingt er einmal im Sinne der Rechtswringung und einmal im Sinne der Linkswringung. Es ist dasselbe wie beim Laufen, nur daß die Bewegungsausschläge hier geringer sind. (Alois Weywar)

Und weil das Schwingen beim Schritt mit dem rechten und linken Bein nicht völlig identisch ist, schlingert unser Gang stets mehr oder weniger stark. Wird der Versuch unternommen, dieses physiologische Anthropinon zu ändern und die Abweichungen zu maßregeln, merkt man rasch, wie außerordentlich anstrengend die motorische Formalisierung ist.

»*Gehen bekräftigt wie keine andere Aktivität, dass man auf dieser Erde lebendig ist*« (Nicholas Shakespeare). Diese kluge Feststellung gilt exakt so lange, wie der Eigensinn der Beine nicht gefesselt wird, wie unsere unteren Extremitäten, durch eine äußere oder verinnerlichte Befehlsstruktur, sich auf die Gerade festgenagelt sehen. Der Zwang zur Schwingungskontrolle erfordert in jedem Fall eine spezielle Berufsdisziplin oder gesellschaftliche Etikette, zum Beispiel beim militärischen Marschdrill oder den Strapazen des Catwalk. Man kämpft in solchen Situationen mühevoll gegen den eigenen Körper an, gegen seine natürliche, freie Bewegung, die jetzt mit Maschinen- oder Marionettenhaftigkeit assoziiert wird. Verläuft dieser Kampf einigermaßen erfolgreich, erscheint der Ausdruck eines starren Sieges auf der Oberfläche des Fleischs. Die Linie mortifiziert, raubt dem Körper sein Leben, seine intrinsische Liberalität, seine tänzerische Sehnsucht. Im entgegengesetzten Fall schreiben die Füße im Gehen in ihrer ungezwungenen Bewegung und Bodenberührung weiter jene uralte Botschaft auf die Erde, dass uns die Schlange im Leib steckt.

Im Normalfall, folgert Ludwig Klages aus seinen physiologischen Studien, verwirklicht »*jede ausdrückende Körperbewegung das Antriebs*erlebnis *des in ihr ausgedrückten Gefühls*«. Jede Bewegung, die »*bald geradlinig weitergeht, bald in regelmäßigen oder unregelmäßigen Kurven oder Winkeln verläuft*«, eröffnet infolgedessen die Möglichkeit, Rückschlüsse auf das Emotionale und Unbewusste zu ziehen. Nicht eine freudsche »*talking cure*«, bei der man reglos auf der Couch liegt, sondern die Bewegungen unserer Körper führen in die Dunkelkammern der Psyche. Und noch in den unscheinbarsten motorischen Abläufen findet Klages das Prinzip der bewegten Ausdruckshandlung bestätigt, etwa in einer »*Psychologie der Handschrift*«. Durch äußere Schriftmerkmale wie »*Doppelbögen*« oder Buchstaben »*mit schwungvollem Anfangszuge und geweiteter Schleife*« öffne sich ein Zugang zum inneren »*Antriebs*erlebnis« des Schreibenden, das für diesen selbst in aller Regel verborgen bleibe. Wenn die Hand schreibt, erzeugt sie nicht bloß Schrift und Bedeutung, sie liefert auch ein skripturales Psychogramm der Selbstdeutung.

Menschen schlingern wie Flüsse. Sie tun das, wenn sie gehen oder schreiben sowie bei anderen physischen Verläufen. Wie mühsam also, das Schreiben auf Linie zu bringen. Die Kultur der Alphabetisierung geht in ihrem traditionellen Bildungsauftrag eng mit der linearen Erziehung der Persönlichkeit einher. Gleichwohl können die pädagogischen Anstrengungen, Ergonomie und Charakterbildung zu verschmelzen, ein Schriftbild nie ganz zum Verschwinden bringen, das in seinen Schwankungen, Schleifen, Schnörkeln und Krakeln unsere sehr besondere Individualität durchscheinen lässt. Diese Individualität auszulöschen, gelingt erst der maschinisierten und computerisierten Texterzeugung. Welche berührende Begegnung das Lesen einer Handschrift dagegen sein kann, bezeugt Joseph Brodsky, wenn ihm im Exil über unüberwindbare politische Distanzen hinweg »*handgeschriebene Wörter mit ihren geschwungenen Buchstaben*« ferne Menschen unmittelbar nahebringen. Es ist dieses in bestimmten Briefkulturen verbürgte Wissen, das im Doppelsinn des englischen Worts »*character*« seinen Widerschein findet.

Wie tief wir uns in der Welt bewegen, vermittelt jeder einzelne Schritt, jede organische Bewegungseinheit unseres Körpers. Von der Welt losgelöste Bewegungen sind die exklusive Domäne von Engeln. Ausgeschlossen werden darf aber auch, dass die Biomechanik eines Roboters jemals beschwingt sein könnte. Selbst wenn androide Roboter mittels Bewegungs- und Reaktionsprogrammen auf der Basis einer komplexen Rückkopplungskybernetik irgendwann optimal gesteuert werden können oder sich schließlich selbst steuern, bleibt ihnen das lebendige Mäandern wesensfremd. Es ist dem naturalen Organismus, den lebenden Körpern vorbehalten, zu schlingern. Nicht technisch modellierbar, ist ihr Schlingern Ausdruck der virtuosen vitalen Balance aus Labilität und Stabilität.

Dieser im Grunde lebensgerechte Spielraum von Labilität und Stabilität, womit den situativen und spontanen Ausdruckshandlungen der nötige Raum und nicht zuletzt die Chance geboten wird, vom zielgerichteten Kurs abzuweichen, öffnet der Unberechenbarkeit die Tür. Das phänomenologisch Plötzliche springt, psychologisch gewendet, ins Impulsive über – ein durchaus problematischer, weil obskurer Moment, in dem sich biologische Ursachen und mentale Gründe in einer Art motorischem Expressionismus auf intransparente Weise überlagern. In diesem nicht aufgeschlüsselten Moment fehlt das Wissen darüber, ob man nun gänzlich von Trieben (Launen, Schrullen, Stimmungen, unbewussten Wünschen) gelenkt wird oder ob man noch als rational handelnder Mensch verfährt. Im Schlingerkurs des Agierens wird undurchsichtig, ob man der Vernunft oder der Natur, ob man dem Bereich von Noumenon oder Phänomenon angehört, ob man leidenschaftsgetrieben oder bedacht vorgeht. In der plötzlichen, obskuren Lücke aber, die durch jene Unsicherheit entsteht, scheint sich das unberechenbare Element des Bösen einzuschleichen, die Schlange kriecht auf uns zu.

Damit ist das, wie ich denke, jedem nur allzu bekannte Feld umrissen, auf dem sich traditionell die moralischen Auseinandersetzungen um Disziplin, klassische Sittenstrenge und eine drakonische Pädagogik abspielen. Beispielgebend für ganze Gesellschaften und ihre psychophysischen Leistungsideale, war es die soldatische Dressur, die sich einer eisernen Abrichtung unterzog. Demgegenüber versuchte in einer aufsehenerregenden Volte im 19. Jahrhundert der Flaneur das Dilemma auf moderne Manier, nämlich ästhetisch, zu lösen, indem er sich sowohl vom obrigkeitlichen Reglement des Körperkodex wie von den psychischen Zurechtweisungen einer geradlinigen Charakterbildung absetzte. Er kultivierte dazu in der Art eines Experiments eine Aufmerksamkeit, die fortlaufend Unzähliges berührt, sich jedoch an nichts festhält, sondern gewissermaßen demokratisch sich allem gleichermaßen zuwendet, damit aber von allem abschweift. Der auf diese Weise entstehende Stil war (und ist) kennzeichnend für den motorischen Expressionismus des Nichtlinearen und Mäandernden, der etwas Spielerisches schwer verleugnen kann, wie schon Walter Benjamin auffiel: Die »*dem Spieler, dem Flaneur gemeinsame Spontaneität ist vielleicht die des Jägers, will sagen, der ältesten Art von Arbeit, die von allen mit dem Müßiggang am engsten verflochten sein dürfte*«. Beim Flanieren wird es unerheblich, wohin man sich wendet und warum. Es handelt sich dabei um eine nach außen hin überhebliche Finesse, ausgezeichnet mit der Latenz jenes Körpers, der jederzeit damit rechnet, das Andere, das begehrenswerte, fremdartige Ziel, könnte an unverhoffter Stelle auftauchen, in einem bislang nicht überschaubaren Feld des Daseins. Gleichzeitig verbirgt sich hinter dem »*Rausch, mit dem der Flaneur durch die Stadt zieht*«, eine widerständige physiologische Klugheit, in der sich das Bewusstsein bündelt, dass menschliche Körper ihrer Natur nach nicht linientreu sind und noch in ihren trainiertesten und diszipliniertesten Gangarten Reste des schlingernden Streuners in sich bewahren.

Obgleich sich doch kaum in Abrede stellen lässt, dass kurvenartige Schwankungen – angefangen bei Börsenkursen und Umfragewerten bis zu individuellen Überzeugungen und seelischen Stimmungen – zu den bekanntesten Alltagsphänomenen zählen, meldet sich normalerweise trotzdem ein Gefühl der Scham, sobald offen sichtbar wird, dass unser Körper schlingert, sei es wegen einer körperlichen Beeinträchtigung, sei es aufgrund der Einnahme von Rauschmitteln. Abgesehen von der Tatsache der verbreiteten Unkenntnis hinsichtlich des Krummen, Verschlungenen und Schwingenden, liegt es zur Erklärung dieser Beschämung nahe anzunehmen, im Schlingern mache sich hauptsächlich ein Kontrollverlust bemerkbar: Man hat sich nicht mehr in der Gewalt. Das ist insofern auch nicht ganz falsch, als ja der Mäander unserer Gesten und Körper eine grundsätzliche Anfälligkeit für Umweltreize, also unsere unbehebbare und unerlässliche Irritierbarkeit, zum Ausdruck bringt. Die Gewalt, die wir nicht mehr haben (und wahrscheinlich niemals hatten), verteilt sich innerhalb der Politik des Körpers durch Gewaltenteilung auf ein Feld. Von Scham entlastet, begegnet uns dies im Slapstick oder im clownesken Gang, wo die Devianz des Schlingerns zur Gestalt des Körpers schlechthin wird. Hier, wie bei allen sonstigen Ausprägungen körpernaher Komik, hat man es mit dem Versuch zu tun, die verdeckte Arbeit an der kollektiven, politischen Vernunft des Körpers offenzulegen und die zwanghaften mimischen Klischees und Zivilisationsgebärden der menschlichen Körperlichkeit durchsichtig zu machen, um letztlich auf etwas hinzuweisen, was noch entwickelt werden müsste.

Das Mäandern ist, nach dem Gesagten, eine anthropologischen Konstante. Sich das bewusst zu machen, bedeutet allerdings auch, anzuerkennen, dass sich in Individuen Intransparenz und Spontaneität mit Intuition und Freiheit fortlaufend verbinden, was Devianz und Umständlichkeit als geschwungener Form Raum gibt. Die westliche Formatierung von Menschen in eine optimierte, effizienzgesteigerte Version des schnelllebigen Selbst legt es gezielt darauf an, die ergonomische Wahrheit des lebendigen Organismus zugunsten von Formlosigkeit – von funktioneller, außengesteuerter Standardisierung (»*dé-former*«) – zum Verschwinden zu bringen. »*Jede Form ist langsam. Jede Form ist ein Umweg. Die Ökonomie der Effizienz und Beschleunigung bringt sie zum Verschwinden.«* (Byung-Chul Han) Unter diesem Blickwinkel fördert die Abrüstung des Leistungssubjekts eine physiologische Ethik zutage, bei der die Fortbewegung mehr oder weniger einem Tanz mit der Umgebung gleicht. Um es ganz deutlich zu sagen: Diese Ethik plädiert für eine unsouveräne Souveränität. Für die polynome Souveränität des Flusses.

Insofern das Mäandern unsere unbeherrschbare Autonomie, unsere impressionistischen Operationen, unsere sowohl innen- wie außensensitive Beeinflussungsoffenheit zum Ausdruck bringt, schärft das Wissen um eine schwer unter hierarchische Kontrolle zu bringende Physis automatisch auch unsere Aufmerksamkeit dafür, dass Freiheit in hohem Maße darin besteht, jederzeit abweichen, die Dinge in eine andere Richtung lenken und einfach abbiegen zu können, wenn unsere Umgebungsberührung uns dazu anhält. Die ethische Einsicht in die Bedeutsamkeit von Handlungsspielräumen, von selbstbestimmter Devianz und vitaler Dissidenz, die sich weniger starren Prinzipien unterwirft, als dass sie auf achtsame, selbstbewusste Intelligenz vertraut, vermittelt sich eher weniger durch systematische Begründungen der Moraltheorie denn durch antike Tragödien und mittelalterliche Versepen, durch die Verwicklungen bürgerlicher Romane oder der Telenovelas unserer Tage. Fast immer handelt es sich dabei um Geschichten von Staunen hervorrufenden Wendungen, von Metanoia, Katastrophe, Revolte oder Konversion. Von Aversion, Diversion, Inversion, Reversion, Perversion, Subversion, Introversion, Retroversion.

Retrospektion: Ich habe auf Benjamins Beschreibung des Flaneurs verwiesen, auf dessen leicht ekstatische, schlingernde Komponente, um nicht zuletzt einer ganz generellen Frage nachzugehen: Was ist Metaphorik und was der reale Ausdruck einer zu Unrecht lange Zeit abgewerteten Rationalität einer tiefen Relationalität des Lebens, wenn die Subjekterfahrung davon erfasst wird, dass das Leben eine neue Wendung nimmt, dass es in seinem bisherigen zielorientierten Vorwärtsstreben vom Kurs abweicht, weil ein unverhofftes Hindernis auftaucht oder ein anziehendes Objekt, weil es sich an einem Widerstand reibt oder von einem verführerischen Detail einnehmen lässt? Hat es damit sein Bewenden oder doch eine erweiterte Bewandtnis? Womit exakt nach dem wechselseitigen Austausch gefragt wird, durch den jene Bewegung in Gang kommt, in deren Vollzug sich die mäandernden Erscheinungen der Koevolution entfalten, unabhängig ob natural, sozial oder politisch.

Aus der Vorstellung des Mäanders lässt sich die semiotische Ambivalenz von Metapher und

Kennzeichnung nicht wegdenken, sie grundiert auch das dramatische Prinzip von Peripetie, Kehre und Umschwung, dem in der kollektiven Erinnerung nahezu aller Kulturen eine tragende Rolle zukommt. Dadurch verlängert sich ein epistemisches Verfahren in die Gegenwart, das, unerachtet, ob man den Begriff Schicksal oder blinder Zufall dafür verwendet, die prinzipielle Unverfügbarkeit des Lebens greifbar macht, das verfangen bleibt in der Undurchsichtigkeit wechselnder Ereignisse. Angesichts von drastischen, vermeintlich guten oder vermeintlich schlechten Wendungen in nahezu jedem Leben, lautet die Frage vor allem, ob es nicht doch von grundlegender Bedeutung sein könnte, sich von solchen Lebenswendungen nachhaltig irritieren zu lassen, nämlich Einstellungen und Erwartungen zu hinterfragen, womöglich sogar in den bisherigen Lebensabsichten umzuschwenken – mit einem Wort: zu schlingern? Und auch, ob wir den ethischen Sachverstand eines subtilen Opportunismus vielleicht zu lange unterschätzt haben?

Gestatten wir uns an diesem Punkt, wo sich die poetische Mäanderfigur im Verlauf des menschlichen Lebens mit realen Influencer-Faktoren verbindet, den Seitenblick auf einen Aspekt, der das Verhältnis zu Dingen betrifft. Dinge werden natürlichen Zusammenhängen entwendet, um sie durch Bearbeitung zur menschlichen

Welt hinzuwenden, in der sie schließlich verwendet werden. Es besteht, wie ich denke, eine unmittelbare Evidenz, dass zwischen einer Person, die einen bestimmten Gegenstand als Teil ihres Lebens verwendet und ihn dadurch zu sich her wendet, gleichzeitig auch eine mehr oder weniger ausgeprägte Haltung der Zuwendung existiert. Die Zuwendung zu diesen her-gerichteten Dingen entwickelt sich innerhalb einer Atmosphäre emotionaler Bedeutungen, in einem Handlungsfeld geistiger und symbolischer Bezüge, kurz gesagt: in einem vollständigen vitalen Raum. Dabei entwickelt sich zwangsläufig ein Ethos der Dinge, fußend auf einem »*Verhältnis der wechselseitigen Implikation*« (Remo Bodei) von Individuum und Gegenstand, das der Statik entzogen ist, sich vielmehr in gewundener, bisweilen ausgesprochen wechselvoller Weise gestaltet und bewegt. So sind manche Dinge beständig um uns herum, erscheinen beinahe unverzichtbar, während andere bloß sporadisch verwendet werden, einige verschwinden nach einer Zeit der Korrelation aus unserem Leben oder tauchen in unvorhersehbaren Abständen überraschend wieder auf.

Um Dinge zu verstehen, um den praktischen, geschichtlichen und gefühlsmäßigen Verweisungsfächer aufzufalten, der von ihnen ausstrahlt, lässt sich weder einer »*geraden Linie wie Lichtstrahlen*« noch logischen Beweisketten folgen. Tatsächlich kommt man nicht umhin, den Geschichten, auf die wir uns mit ihnen einlassen, innerhalb der Erzählung unseres Lebens selbst nachzugehen. Dabei wird oft nicht richtig verstanden, dass man ein mäanderndes Verfahren praktiziert, ein »*Umherschweifen, das sowohl den Fantasierenden als auch die fantasierte Sache sinnhaft bereichert*« (Remo Bodei), sobald man sich im – religiösen, ästhetischen, mythischen, affektiven, ökologischen – Existenzraum von Dingen bewegt. Wir lassen uns auf Dinge ähnlich wie auf andere Menschen ein, um sie – umgekehrt, umgewendet – in eine Beziehung zu uns einfließen zu lassen. Individuen, juristisch und moralisch seit der römischen Antike als diskrete Einheit von Personen verstanden, entpuppen sich in der Wirklichkeit als fließende, sich beständig umformende Ich-Gebilde im so wendungsreichen wie unverzichtbaren Strom der Verwendung ungezählter und oft unscheinbarer Dinge.

8. Römische Weisheit

»Daß nicht Rom es war«, das den Flaneur erschuf, *»ist das sonderbare«*. Diese Bemerkung Walter Benjamins kam mir am ersten Abend eines Rombesuchs wieder in den Sinn. Ich hatte mir gerade Gian Lorenzo Berninis Vier-Flüsse-Brunnen angesehen und wollte nun, ohne festes Ziel, von der Piazza Navona aus noch eine Weile durch die abendliche Stadt streifen. Dabei fiel mir in einer schmalen Straße eine polierte Messingtafel von der Größe eines Arztpraxisschildes ins Auge. Angebracht war sie an einem Palazzo, der einst Cosimo I. de' Medici gehört hatte. In das Schild war mit schwarzen Buchstaben ein Schriftzug graviert: *»Ministero di Grazia«*. Noch bevor ich darüber ernsthaft nachdenken konnte, hatte mein Gehirn schon eine Übersetzung parat: *»Ministerium für Anmut«*. Trotz meiner Verblüffung und obwohl ich von einer derartigen Behörde noch nie etwas gehört hatte, hielt ich es keineswegs für ausgeschlossen, mehr noch, mir schien Rom die einzige Stadt der Welt zu sein, in der es – wie das Flanieren – geradezu natürlich wäre, dass man sich von Staats wegen auf höchster Ebene um Anmut kümmerte.

Vielleicht lag es daran (an meinem Übersetzungsfehler), weshalb mir in den darauffolgenden Tagen mit besonderer Klarheit bewusst wurde, dass Rom die formgewandteste Stadt war, die ich kannte. Meine Wahrnehmung gründete hauptsächlich auf dem Umstand, dass Roms Urbanität so wirkungsvoll und anhaltend vom Barock geprägt worden war. Der »*barocco*« (Jacob Burckhardt), als dessen Ursprungsort Rom gemeinhin gilt, von wo aus er sich in ganz Europa und durch die Jesuitenmission schließlich in Lateinamerika verbreitete, war zwar von Anfang an Teil eines kostspieligen und prachtvollen »*Theatrum fidei propagandae*«. Zugleich ging innerhalb der Aura jenes spirituellen Glanzes eines überweltlichen Gottesglaubens jedoch etwas anderes vor sich, spielte sich etwas Untergründiges und Subversives ab. Denn »*die Linie der Kunst war nie so eng mit der Linie des Lebens und des Organischen*« (Manlio Brusatin) verknüpft wie zu jener Zeit, in der die Welt barock wurde.

Generationen von in berufsständischen und familiären Netzwerken verknüpften Architekten und Baumeistern hatten vom Beginn des 17. Jahrhunderts an in Rom ihre Ausbildung in der barocken Formensprache erfahren und die barocke Durchformung von Städten, Gärten und Landschaften anschließend großräumig und international, sowohl in Feudal- wie Sakrallandschaften (Kirchen und Klöstern), ins Werk gesetzt. Aufgrund ihrer

Arbeit bog und krümmte sich die »*Linie des Lebens und des Organischen*« noch nach Jahrhunderten in Rom auf eindrucksvolle Weise. Und tatsächlich kostete es in dieser Stadt, von der zeitweilig ein ästhetisches Monopol ausgegangen war, nicht die mindeste Mühe, ja, es verschaffte mir vielmehr einen unvergleichlichen Genuss, all jene Gebäude in Augenschein zu nehmen, die keinerlei architektonischen und ornamentalen Aufwand an Bögen und Krümmungen scheuten und die Giebel »*in allen Richtungen [...] schwingen*« (Jacob Burckhardt) ließen. Im Anblick der architektonischen Entwürfe, Fassadengestaltungen oder des plastischen und skulpturalen Dekors eines Giacomo Barozzi da Vignola, Francesco Borromini oder Gian Lorenzo Bernini erfassten einen nach wie vor die Schwingung und Strömung. Es war so ergreifend sichtbar, wie sich mit dem stilbildenden römischen Barock in Europa ein tiefgreifender Wandel des architektonischen Raums vollzogen hatte, in dem die geschwungene Linie die Form der Freiheit, des Abtrünnigen verkörpert hatte.

Die damit verbundene Formsemantik, zu einem beispiellosen Reichtum an Gestaltvokabular ausformuliert, hatte neben unterschiedlichsten Schwüngen, Schnörkeln und Bögen, neben all den Voluten noch eine ganze Menge anderer schneckenförmiger Elemente hervorgebracht. Mir begegneten die Schlangenlinien gewundener, salomonischer Säulen ebenso wie jene multidimensional kurvierten Gurtbögen, von denen – in ihrem statischen Zusammenspiel – eine komplizierte Gestalt von Wölbungen ausging. Und wie gebannt stand ich schließlich einen ganzen Nachmittag vor der wellenförmigen Fassade der Kirche San Carlo alle Quattro Fontane, deren steinerne Materie sich buchstäblich zu verflüssigen und im Raum zu mäandern schien. Ähnlich wie jener einzigartigen plastischen Freiheit der Architektur verdankten auch die Skulpturen, dass sich das Geschlängelte in ihnen, die Bewegungsdynamik der *»figura serpentinata«*, so intensiv wie intrikat ausprägte. Wenn auch graduell verschieden, gab jede dieser Kirchen, Figuren und Brunnengestaltungen doch ein Zeugnis für das grandioseste Zeitalter des Mäanderns ab, das die abendländische Kultur jemals hervorgebracht und mit Leben gefüllt hatte.

Diese offenkundige Besessenheit, die schnörkellosen, rational-funktionalen, ökonomischen und von der Renaissance wiederbelebten Gestaltungsordnungen des klassischen Denkens umzustoßen, ist erklärungsbedürftig. Zunächst erscheint es mir naheliegend, dass jenes Furioso *»der Linie des Lebens und des Organischen«* einem Vitalismus entspringt, den einzig und allein sein Widerpart derart fanatisch und unbeugsam anzustacheln imstande ist: der Tod. Nichts sonst als der unausweichliche Tod kann es sein, der nach einer so umfassenden wie konkreten Weisheit verlangt. Nämlich nach der stilistischen Weisheit, umschweifig zu sein und damit das Unausweichliche mit abwegigen Techniken abzuwenden. Das besticht insbesondere in Situationen, die nur dadurch zu retten sind, dass man Zeit gewinnt, Aufschub erlangt und das Ende, bis auf Weiteres, virtuos umgeht. In dieser prokrastinativen Situation befindet sich das Leben freilich zu jedem Zeitpunkt.

Eine Obsession, die dem Leben verfallen ist und die – vor dem Hintergrund verheerender europäischer Pestepidemien und Kriege – ihre Maßlosigkeit dem Tod verdankt, lässt sich begreiflicherweise unmöglich stabilisieren und kontrollieren. Ihr entspricht es, zwischen Ekstase und Melancholie, Leichtigkeit und Schwermut, Depression und Party zu schlingern. Plagten sich nachfolgende Epochen, allen voran die Moderne, mit dem gehetzten Bewusstsein ab, keine Zeit zu verlieren zu haben, stimulierte die barocke Stimmung eine diametral entgegengesetzte, zutiefst menschenfreundliche Haltung: Für jedes menschliche Leben soll Zeit gewonnen werden. Wenn es der raffinierte barocke Illusionismus darauf anlegt, Raumgewinne dadurch zu erzielen, dass der Raum durch Sinnestäuschungen erweitert wird, dann dienen die mäandernden Inszenierungen in Wahrheit nichts anderem als der Ausdehnung von Zeit, dem Zeitgewinn.

Indem die Gegenwart mit äußerstem inszenatorischem Aufwand gekrümmt und gefaltet wird, in einer gewissermaßen auf das ganze Dasein erweiterten »*festa teatrale*«, der zeremoniellen Komposition von Körpern und Bewegungen, macht man sie zur geraumen Zeit. Das Ende fürchtend, sieht der Barock seine einzige Chance im aufsässigen Zeitverzug, im formalen Widerstand des Spielerischen. Von diesem zutiefst existenziellen, fließend geschwungenen Zeitgefühl werden die architektonischen Bemühungen gleichermaßen erfasst wie Tanzbewegungen und die Gesten der Gärten. Auch die Dichtung gefällt sich nicht weniger als das philosophische Denken in ungemein versierten Figuren rhetorischer Wendungen und logischer Biegungen. Kommt uns, von heute aus betrachtet, die barocke Sprache eigentümlich gewunden vor, dann deshalb, weil in ihr das Ideal intellektueller Eleganz der Geistesgegenwart nicht entkommt, niemals und in keinem Augenblick aus den Augen zu verlieren, dass reglose Totenschädel und lebhaft mäandernde Schnörkel untrennbar zusammengehören. Befristetes und beschwingtes, erstarrtes und entfaltetes Leben.

Vollständige Souveränität gegenüber der Zeit zu besitzen, gegenüber dem Welken, der Hinfälligkeit und Auslöschung, ist keinem Lebewesen gegeben. Unter der Oberfläche, hinter der schönen Maske des Fleischs lauert stets das Vergehen.

Dort graben die Würmer der Vanitas. Doch ganz anders als bei der mittelalterlichen Allegorie der Frau Welt, die von der Sinneslust zur Gottesfurcht hinleiten soll, findet das barocke Denken zu einer davon eindrucksvoll abgesetzten Wahrheit. Es erkennt nämlich, dass sich jede Oberfläche in der Zeit kräuseln, wellen, falten lässt. Die Selbstmächtigkeit der Existenz entscheidet sich in den Techniken des Auffaltens, in der »*complicatio*« des Zeit-Raums. Man schafft in dieser Epoche daher Platz für die Einsicht, dass eine an Wendungen und Formen der Wiederkehr reiche Zeit sich automatisch verlängert und verlangsamt. Genau darin besteht ihre einzigartige kulturelle und humane Vision. Das barocke Universum missversteht also gründlich, wer sein Hauptaugenmerk auf vermeintlich übersteigertes Raumdekor und zügellose Prachtentfaltung richtet, statt der mäandernden Form der Zeit seine volle Aufmerksamkeit zuzuwenden, die mit ihrer unfassbar einfallsreichen Umständlichkeit die Würde und Souveränität eines befristeten Lebens aufrechterhält.

Das so zu sehen bedeutet, jener genialen künstlerischen Sensibilität der Berührung gerecht zu werden, die – in Gegenläufigkeit zum gotischen Himmelsstreben – die radikale Wendung zur Weltzugewandtheit vollzieht. Und man kommt im Verständnis des Barock zudem weiter, wenn man in Betracht zieht, dass es dieser Weltzugewandtheit um den Entwurf einer neuen, horizontalen Ordnung zu tun ist, deren architektonische Signatur aus Biegungen und Gegenbiegungen lebendige Bewegung vermittelt. Vor die Aufgabe gestellt, im Bewusstsein neuzeitlicher Verunsicherung menschliches Dasein zu begreifen, entwirft Barock eine Architektur des Lebens, der vitalen Gegenwart, bei der die fließende Gestalt des Steins der starren Materie entgegenläuft.

Barock ist, wenn man diesen Überlegungen folgt, ein ästhetischer Protest der Form und darin ein leidenschaftliches Plädoyer für das Leben, für die organische Plastizität von Zeit und Raum. Diesem obersten Ziel dient es dann, wenn der geometrisch-abstrakte Raum schwungvoll rhythmisiert, die architektonischen Zeichen enthierarchisiert und in eine fluide Bewegung aufgelöst werden, wenn die krausen Effekte, die schwingenden Oberflächen, das freie Fließen und Mäandern überhandnehmen. All das in seiner Fülle überwuchert – oder besser: über-windet – die Körper und Zeichen. Unmittelbar schmiegen sich die Wellen von Allongeperücken und Hurluberlu, Halskrausen, Krawattentücher, Volants und verschlungenen Posamenten der Haut an – »*justaucorps*«. Überbordend reich fallen die Falten des Manteau oder der weit geschnittenen, rockartigen Männerhosen. Gewebte Mäander verwickeln das

Fleisch in die gefällige Ökologie des Wellenspiels, überspielen dabei das Männliche und Weibliche – ganz so, als wäre jedes Leben von einem Zuviel an Materie und Bewegung umgeben, das bedenkenlos verschwendet werden könnte, und als trüge es für immer die lebensfrohe Erotik eines obszönen Geheimnisses in sich. »*Und haben die Falten im Stoff, die Grimassen schneiden und sich wie Schlangen um erstorbenes Fleisch legen, nicht ihren verborgen Reiz?*« Sarkastisch wird Baudelaire diese geradezu barocke Frage einer modernen Bürgerwelt vorlegen, vor Augen deren enganliegende textilen Monturen, die »*Livree der Trostlosigkeit*«.

Für die vegetabile Entspanntheit der Geraden, den Naturalismus gewundener Üppigkeit, für die Anreicherung der Form durch Schwingung wird in der Folgezeit das Etikett »Schwulst« gängig, das unter den Vorzeichen eines neuen Rationalismus von Johann Christoph Gottsched für die Barockdichtung abwertend in Anschlag gebracht wird. In dieser programmatischen Distanzierung spricht nicht wenig dafür, die Moderne in ihren Grundzügen als ein Anti-Barock aufzufassen, worin sich, mit einem ungeheuer überhohten Anspruch, »*die Kultur der neuen menschlichen Natur*« vermittels der »*suprematistischen Geraden*« entwickelt, wie es Kasimir Malewitsch als einer von vielen prägnant zum Ausdruck bringt. Der

Geraden kommt es folglich zu, »*die metallische Kultur der Großstadt*« zu formen und das Grundelement »*der industriellen, straffen Umgebung*« zu bilden, inklusive des Formalismus der Effizienz und Zeitknappheit.

Es liegt nahe, dass zu dieser gehärteten, begradigten Welt ganz unverzichtbar eine anthropologische Überzeugung gehört: »*Der Mensch läuft in gerader Linie, weil er ein Ziel hat und weiß, wohin er geht. Er hat sich entschieden, einen bestimmten Ort zu erreichen, und geht direkt darauf zu.*« Le Corbusier allerdings irrt gewaltig. Was ihm vor Augen schwebt, ist nicht die Linie des Gehens, sondern – wie bereits im Zusammenhang mit der optisch-geometrischen Durchsetzung der Linearperspektive angedeutet – jene des Sehens, der Sehstrahl. Sein ganzer »*Urbanisme*« fußt auf dieser folgenschweren Täuschung.

> *Eine moderne City lebt praktisch von der Geraden: im Hoch- und Tiefbau, in der Anlage von Fernstraßen, Bürgersteigen usw. Der Verkehrsfluss erfordert die Gerade. Die Gerade ist auch das Gesunde für die Seele der Stadt. Die Kurve ist ruinös, schwierig und gefährlich, sie paralysiert. Die Gerade gehört zur ganzen Menschheitsgeschichte, zur menschlichen Zielstrebigkeit, zum menschlichen Handeln*

Sätze, die wie ein Echo auf den uralten Schlangenfluch klingen.

Allerdings weiß Le Corbusier auch besser als andere Bescheid über die funktionalen und imperialen Erfordernisse moderner Rationalität, begleitet von einem nicht minder feinen Gespür dafür, welche Gefahr und Sabotageenergie vom Mäander ausgehen könnte. Kein Zufall also, wenn nach dem kunstvollen Spiel des Mäanders, der Europa im Jugendstil noch ein einziges Mal für kurze Zeit streift, Adolf Loos schließlich »*Ornament und Verbrechen*« kategorisch gleichsetzt. Doch nicht ausnahmslos alle räumlichen Gestaltungen, das sei hier wenigstens erwähnt, teilen im 20. Jahrhundert die Verteufelung der geschwungenen Linie. Als eine Art Gegenspieler Le Corbusiers wurde Oscar Niemeyer zum Verfechter des gekrümmten Raums. Gegen Ende seines Lebens wurde der architektonische Visionär Brasílias, der als hartnäckiger Marxist die kommunistische Doktrin von Parteien zeitlebens für unvertretbar hielt, gefragt, ob er in seinen Bauwerken den Ausdruck einer Zivilisation angestrebt habe, die anders sein wolle und sich daher eine andere Form suche, als wie sie sich in Europa und Nordamerika zeige? Ob seine Architektursprache eine Alternative formuliere? Daraufhin kramte Niemeyer, inzwischen beinahe erblindet, aus einer mit Notizzetteln und Zeichnungen vollgestopften

Mappe ein altes und zerknittertes Blatt mit einem von ihm selbst verfassten Gedicht hervor.

Nicht der rechte Winkel reizt mich,
Auch nicht die gerade, harte, unerbittliche,
Vom Menschen geschaffene Linie.
Mich reizt die freie und sinnliche Kurve,
Die Kurve, die ich an den Bergen meiner
Heimat finde,
Im gewundenen Lauf ihrer Flüsse,
In den Meereswellen,
Am Körper der Lieblingsfrau.
Aus Kurven besteht das ganze Universum,
Einsteins gekrümmtes Universum.

Damit wird die Stadt gegenüber jenen materialisierten Strömungen, jener flektierten Andeutung geöffnet, dass wir uns hier in einem architektonisch und stofflich eingeräumten Raum von Krümmungen und Mäandern bewegen. Dies ist ihr fluvialer Charakter: Der Mäander zirkuliert in einer vertikalen Zeit, aufgebaut aus einer berührten und berührenden Gegenwart. Gleichzeitig strömt er aber auch in einer horizontalen Zeit, verzweigt, verschlungen. Das fließende System etabliert und verlängert auf diese Weise eine paradoxe Zeit. Von innen nach außen, von außen nach innen und durch diesen Kreis des Jetzt hindurch in einer launischen Figur von Vergangenheit und Zukunft. Unter diesem Einfluss, das liegt auf der Hand, wird sich das Leben ändern.

Obwohl sich mit dem 18. Jahrhundert das Umfeld bereits unverkennbar in die Richtung der linearen Dominante der Formgebung verschiebt und zu einer aufgeklärt rationalen Stimmung hin verändert, war es erstaunlicherweise gerade dieses 18. Jahrhundert, das die eigentlich barocke Einsicht am prägnantesten ausformulierte. Es zeugt für den offenen Blick eines eingefleischten Aufklärers wie Kant, wenn er im »*Barockgeschmack*« ein uneindeutiges Phänomen ausmacht, der die Einbildungskraft aufgrund der Unregelmäßigkeit der Formen zwar bis an den Rand des Grotesken treibt, jedoch in der freien Fantasie »*seine größte Vollkommenheit zeigen*« kann. Unter einem ästhetischen Blickwinkel findet der erhöhte Freiheitsgrad der barocken Schwingung Kants Anerkennung in einer Zeit, die das barocke Gefühl längst abgestreift hatte.

Das Verdienst, die barocke Einsicht im 18. Jahrhundert auszuformulieren, kommt jedoch vor allem dem englischen Maler William Hogarth zu. In *The Analysis of Beauty*, einem in Europa weithin beachteten Buch, erklärt Hogarth 1753, »*daß die Wellenlinie oder die Linie der Schönheit, die noch mannigfaltiger ist, aus zwei geschwungenen entgegengesetzten Krümmungen besteht und so noch schmückender und gefälliger wird. Diese Linie be-*

sitzt die Macht, der Schönheit Grazie in höchstem Maße hinzuzufügen«. Als Motto finden sich Miltons Verse vom »*tortuous train*« abgedruckt, doch bei Hogarth, der es sich ansonsten zur Gewohnheit machte, die hässlichen Auswüchse seiner Zeit satirisch aufs Korn zu nehmen, gewinnt das verlorene Paradies verführerische Züge. Sie verbinden sich mit der mäandernden »*Line of Beauty and Grace*«.

Maßgeblichen Einfluss nimmt der Reiz von Wellenlinien etwa auf Edmund Burkes Theorie des Schönen. »*Die gekrümmte, wellenförmige Linie, die ständig unmerklich ihre Richtung ändert, ist für ihn die gemeinsame Eigenschaft von Natur und Kunst*« (Jacques Rancière). Vermittelt durch Burkes ästhetische Überlegungen verändern sich die Gartenanlagen. Die Schlangenlinie wird normativ anleitend in den modellhaften englischen Landschaftsgärten des 18. Jahrhunderts, im gewellten Bodenprofil, in den gewundenen Wegen, schwungvollen Waldrändern, mäandernden Wasserläufen und sanft gewölbten Hügeln. Das Gelände der Gartenkunst schreibt sich den dort spazierenden Körpern als eine schwingende Bewegung ein.

Hauptsächlich fällt Hogarths Anregung allerdings unter deutschen Schriftstellern auf fruchtbaren Boden. Ich nehme an, weil unter den Bedingungen deutscher Feudalherrschaft mehr als anderswo Bestrebungen dominieren, an erster

Stelle ästhetische Erfahrungen und weniger politische Ideen als Quelle gesellschaftlicher Kultiviertheit und politischer Veränderung zu erschließen. Jedenfalls gelingt es Moses Mendelssohn, dem man als Geschäftsführer einer Berliner Seidenfabrik aufgeklärten Realitätssinn gewiss nicht absprechen kann, ebenso wenig, sich dem Reiz der geschwungenen Form zu entziehen, wie dem ausgebildeten Militärarzt Friedrich Schiller. Was Hogarths Wellenlinie beiden vor Augen führt, ist das verführerische Spiel der Freiheit, das für Schiller zum Ereignis des Menschlichen überhaupt wird. Wo der Mensch zwecklos spielt, wo er sich in ziellos schwingenden Figuren der Vernunft bewegt, im Flanieren der Imagination und dem Schwingen von Körpern, dort öffnet er sich Einflüssen, die jedes strategische Verhalten dem Zufall und Einfall einer Welt anheimgeben, der man im Zustand disponibler Freiheit begegnet, die zulässt, dass das eigene Wahrnehmen, Empfinden und Handeln eine andere Wendung nehmen.

Schiller erfasst wie kein anderer zuvor, wie sich die freie, spielerische ästhetische Berührbarkeit allen Überlegungen von Nutzen, Vorteil und Gewinn entzieht, um im Gegensatz dazu eine Erfahrung zu triggern, welche die irisch-englische Autorin Iris Murdoch treffend *»selbstlose Aufmerksamkeit«* nennt. Diese *»selbstlose Aufmerksamkeit«* gelingt allein in achtsamen, sinnlich begeisterten Hinwendungen zur Welt, in Berührungen und Begegnungen, bei denen man sich als Individuum selbst zurücknimmt, um damit einen geteilten Moment humaner Souveränität zu erleben. Jedes Spiel, und insbesondere auch das ästhetische, spielt vor allem mit der Wechselseitigkeit. In dieser Eigenart liegt es begründet, weshalb sein Verlauf stets unvorhersehbare Wendungen nimmt und warum sich in jeder dieser Wendungen die spielerisch eingeräumte Freiheit äußert. Und nur auf diese Weise, nur in *»geschlängelten Linien«*, kann sich für Schiller die wirkliche Schönheit vitaler menschlicher Körper zeigen und mitteilen: ihre Anmut.

Zwar scheint Anmut irgendwie natürlich zu sein, ungekünstelt, ungewollt, nicht theatralisch. Tatsächlich verdankt sie sich jedoch der speziell menschlichen Ressource einer inneren Unabhängigkeit. Anmut ist Ausdruck *»der durch Freiheit bewegten Gestalt«*, die weder von Vernunftabsichten gelenkt ist noch Affekten oder Instinkten folgt. Sie stellt ein Grenzphänomen zwischen Emotionalität und Intellekt, Natur und Kultur dar, eine vom Zusammenfließen beider Seiten zeugende Geste. Sie entspringt jener Ligatur von Geist und Fleisch, in der sich *»die plastische Natur des Menschen«* verwirklicht. Und weil sich jenes Ineinanderfließen nie völlig wird erklären lassen, hält Schiller diesen anmutigen Zustand für *»magisch«*.

Es ist alles andere als ungewöhnlich, wenn ein Begriff wie Anmut, der historisch einem feudalen Ausdrucksstil nahesteht, in heutigen Ohren fragwürdig klingt. Trotzdem lohnt sich der Versuch, die rhythmischen Formen graziösen Verhaltens von ihrer einstigen historischen Verknüpfung zu lösen, denn bei näherem Hinsehen lässt sich erkennen, dass sie in den Bereich weitaus grundsätzlicherer gesellschaftlicher und ethischer Fragestellungen hineinreichen. Weder erschöpft sich Anmut nämlich in repräsentativer Äußerlichkeit noch bildet sie in ihrer Eigenart auch nur ansatzweise ein System von Herrschaft ab. Im Gegenteil stellt sie den Inbegriff von Nicht-Repräsentation und Nicht-Macht dar. Innerhalb der ästhetischen Ordnung des Körpers, seiner sinnlich-selbstbewussten Eigenwahrnehmung, stellt Anmut ein kalkülfernes und effektfreies Verhalten dar, dem nichts fremder ist als Strategien von Repräsentation, Charme, Stil, Eleganz, unmittelbarer Überwältigung. Anmutig erscheint nicht, wer auffallen, in die Augen stechen will. Charme (Sex-Appeal, Attraktivität, Charisma) ist verführerisch, Anmut gewinnend. Anmut schwingt in der stimmigen Entsprechung von Innerem und Äußerem, von Psyche und Körper und tritt in Bewegungen und Gesten in Erscheinung, die in keinem Augenblick berechnend, überwältigend oder manipulativ sind.

Für Schiller formuliert sich damit ein präzises Ideal: der für jedes einzelne Individuum erstrebenswerte »*ästhetische Zustand*«. Ohne einen moralischen Imperativ oder eine praktische Formel dafür zu besitzen, kommt man diesem Zustand gleichwohl umso näher, je weniger das eigene Leben zweckgetrieben ist, je unbedrängter von nutzenbestimmten Absichten und je unbeeinflusster von egoistischen Kalkülen man agiert. In dem auf diesem Weg entstehenden Freiraum, worin nichts erkennen lässt, dass wir von Begehrlichkeiten oder Erkenntnisinteressen angetrieben werden, verbreitet sich ein utopischer Schimmer, als gäbe es in der Zwanglosigkeit und Unabhängigkeit kein Wollen und Streben. Als hätte sich das Leben ganz und gar zum Spielen bereitgefunden. Und wie beim Spiel gelangt man beim ästhetischen Zustand dazu, im unmittelbaren, offenen Ereignis »*die Zeit* in der Zeit *aufzuheben*« und »*Veränderung mit Identität zu vereinbaren*«. Fast könnte es den Anschein erwecken, als wäre Anmut etwas Unbewusstes oder Vorbewusstes, als bestünde sie in der Intensität des reinen fleischlichen Augenblicks, der über den flüchtigen Moment hinaus- und auf eine nicht hierarchische, ungezwungene Gesellschaft hinweist. In den Augen des Betrachters erscheint diese Anmut wie Empathie mit dem Leben als Ganzem.

Es gibt Einfacheres, als von dem menschlichen Traum, der in der Anmut sich bereithält, just in einer Zeit zu erzählen, die – in ihren demonstrativen Erscheinungsstilen und ihrer individualistischen Performanz – so viel darauf gibt, aufzufallen, hochzukommen, sich durchzusetzen, den Profit der Prominenz einzustreichen oder öffentliche Emotionen zu provozieren. Mir jedenfalls will kein extremerer Gegensatz zum sozialen Training moderner Selbstwirksamkeit und kulturellen Kapital von Aufmerksamkeit einfallen als ›La grâce‹. Ohne religiösen oder ideologischen Eifer, ohne wirtschaftliches Kalkül, ohne den Blick auf Verwertungsinteressen zu richten, kennt die Anmutsversonnenheit in der ihr eigenen Leichtigkeit des Seins nur eines: den authentischen Augenblick, ausgedrückt in jener »*Schönheit in Bewegung*«, die spielt, schwingt und mäandert. Und auch wenn der Mäander innerhalb der ihn auszeichnenden Logik der Relationen nie absolut frei verläuft, so öffnet er doch einen ludischen Raum zwischen Innen und Außen, zwischen dem Eigenen und dem Anderen, worin sich Kräfte und Hemmungen beider Seiten zu einer kolateralen Bewegung verbinden, in der eine Dynamik an Gemeinsamkeit entsteht. Der Mäander, dieser nicht ganz einfach zu durchschauende Doppelagent von Ich und Umwelt, transformiert alles Beschwerliche, Belastende und Aufgenötigte, jede Beherrschung und jede Unbeherrschtheit durch ein Momentum von Freiheit in eine anmutige Fließbewegung.

9. Faltenspiele

Dass krumme Linien »*von Unsicherheit gequält sind, solange es sie gibt*« (Manilo Brusatin), wird nirgendwo augenfälliger als bei Falten. Das Spielerische an ebendiesen ist nur spielerisch, weil es Halt und Einfassung mit situativer Freiheit kombiniert. Modegestalter nutzen das mit Vorliebe für eine verlockende, schwingende Umständlichkeit, die für jeden Körper eine zweite Chance aus Zeit und Raum erwirkt. Das Modische, designet, um zu gefallen, bewirkt allerdings, dass daran die universelle und extreme Seite in aller Regel übersehen wird. Denn wer der inneren Absicht des Faltenwurfs wirklich entsprechen möchte, darf keiner auch noch so kleinen Falte die Beachtung versagen. Unserer kulturell gängigen Neigung, das Unscheinbare und Subordinierte zu ignorieren und für unwichtig und bedeutungslos zu erachten, wird im hypertrophen Spiel der Falten die Legitimität entzogen. Jede Falte des Universums, und repräsentativ dafür jede Falte an einem Kleidungsstück, verdient unsere Aufmerksamkeit und Achtung.

Mit einem über Jahrhunderte ausgearbeiteten und immer wieder neu aufbereiteten Begehren zeichnet die Faltung, jener um den Körper fließende Querschnittsmäander, eine Mannigfaltigkeit auf, die sich nicht zufällig an der Schnittstelle zur Welt bewegt, weil sie unsere Berührungsfläche zur Welt ganz erheblich vergrößert. Wie schier unermesslich sich das formale Glück der Faltung ausprägen kann, durfte ich, nicht zum ersten Mal, an einem Spätsommertag in Syrakus erleben, als ich wie verzaubert vor einigen griechischen Statuen des dortigen Museums stand, die, nachdem die Geschichte sie als Torso zurückgelassen hatte, aus nichts anderem als ausschließlich aus Falten zu bestehen schienen. Ich erinnerte mich, diesen vibrierenden Eindruck wenige Jahre zuvor schon einmal verspürt zu haben, als ich in Rom in der Cornaro-Kapelle der Kirche Santa Maria della Vittoria vor Berninis *Verzückung der heiligen Theresa* stand. Man kann die Skulptur als Gesamtheit nur schwer erfassen, denn jede Falte ist hier individuell, jede einzelne von ihnen besitzt eine eigene Krümmung und Bewegungsspannung. »*Was dann die Kunstfertigkeit des Faltens angeht*«, so beschreibt der italienische Bildhauer Antonio Canova das plastische Wissen der Viel-Faltigkeit,

> *so soll man nicht glauben, daß die Falten alle von einer Art sein müssen. So wie die Zeichnung der Formen je nach dem Charakter einer Person variiert, so sollten die Falten möglichst*

unterschiedlich sein. Die Falten hängen oft vom einzelnen Ereignis, vom Zufall und immer auch vom Geschmack ab, der bei allen Menschen verschieden ist.

Wenn man in der Welt, wie Nikolaus von Kues glaubte, die *explicatio*, die Ausfaltung Gottes, zu erblicken hat, dann zeigt sich in jeder noch so kleinen Falte – in jedem noch so winzigen und unscheinbaren Wesen – die göttliche Herrlichkeit um eine Winzigkeit deutlicher und reicher. Die christliche Theologie der Dreifaltigkeit, die eine solche Auffassung lange trug, fußt unverkennbar auf dem Bedürfnis, Glaubwürdigkeit für die Einheit in der Differenz mehrerer Hypostasen zu erreichen. Somit liegt es dem abendländischen Denken traditionell nicht fern, wenn Friedrich Hölderlin in seinem *Hyperion*-Roman die Welt in hymnischen Worten als »*das Eine in sich selbst unterschiedne*« beschwört. Neu ist nur, dass er dabei weniger an einen Gottes- und Seinsbegriff als an ein Bild in sich vielfältiger Gesellschaften denkt. Heraklits antike ontologische Idee verwandelt Hölderlin in eine moderne politische, die sich bis zur Entfaltung jedes Einzelnen deklinieren lässt. Was mit der Vehemenz einer epochemachenden Idee an diesem Punkt entsteht, ist jene reale Vielfalt, die sich als innere Mannigfaltigkeit eines Ganzen ausdrückt. Besser gesagt: als eine offene

Vervielfältigungsdynamik, die sich weder nach innen noch nach außen in strengen Grenzen halten lässt.

Falten, wie Flüsse Mäander der Materie, sind in den Stoff, in die Welt eingezeichnete Schwingung. Man würde sich allerdings um einen Teil einer Einsicht bringen, wenn man das Glück der Faltung mit einem Spaß an der leichten Form verwechselte. Ein Irrtum, der auffällt, sobald das Augenmerk etwas eingehender auf eine Entsprechung der Falte gerichtet wird, mit der nicht zufällig eine Lieblingsfigur des Barock benannt ist: das Paradox. Die in sich gegenläufige Wendung, die *»zwei entgegengesetzten Krümmungen«* der Wellenlinie, beschreibt präzise den intrinsischen Sinn der paradoxen Bewegung, sich in der profunden Kunst der Oberflächlichkeit zu verlieren und zur Wahrheit des Scheins zu vertiefen. Jene *»vil seltzame* paradoxa« (Angelus Silesius) werden zeitlich genau dort zur semantischen Repräsentationsfigur, wo Offenheit und Richtungsungewissheit der bewegten Welt überhandnehmen. Es ist dann nicht bloß so, dass sich die Glaubensgewissheit, welche das *»unaussprechliche Wort hoeren«* (Georg Philipp Harsdörffer) will, zum theologischen Nichtwissen paradoxal verhält. Die Erfahrung einer ungeheuren politischen Brutalisierung (im Dreißigjährigen Krieg) führt vielmehr zu dem Weltparadox selbst, dass die *»nacht lichter als der* *tag«* (Andreas Gryphius) erscheint. So entgleitet das Ich an der Schwelle zur Moderne schließlich seiner Unmittelbarkeit und verlässlichen Referenz: »*Jch weiß nicht was ich bin / Jch bin nicht was ich weiß*« (Angelus Silesius). Der innere Gegensatz, der stilbildende Widerspruch, die Gegenläufigkeit in ein und derselben Gedankenbewegung, »*das Ärgernis am Paradox*« (Sören Kierkegaard): Es ist dieses kaum auflösbare Geheimnis, um das es bei der Plastik der verdrehten Körperhaltung der menschlichen Figur ebenso geht, wie beim Faltenspiel des Gewands oder dem in Gegenbewegungen schwingenden Denken.

Gereizt wäre vermutlich der Begriff, der einem für diesen Übergang zur Moderne einfallen würde. Dass dieses Attribut nicht als negativ und aufreibend verstanden werden muss, hat viel später Paul Klee verdeutlicht. Klee löst zunächst die Linie aus der gängigen Vorstellung, sie wäre zuallererst ein Element geometrischer Abstraktion, um stattdessen zu erklären, dass sie die Repräsentation einer »*Bewegungshandlung*«, einer Bewegung der Hand, ist. Legt man den Fokus somit auf die aktive Konstruktion, dann wird die gekrümmte Linie als etwas sichtbar, was sich aus dem »*gereizten Punkt als latenter Energie*« bildet. Der ideale gereizte Punkt jeder Krümmungskurve ist die Inflexion, der Umkehrmoment, zwischen konvex und konkav. Im dramatischen Vokabular:

die Peripetie. Im rhetorischen: das Paradox. In ihnen bündelt und symbolisiert sich die kreative epochale Energie. Während nun die gerade Linie höchstens Spiegelungen erzeugt, bestehen Mäanderlinien aus »*schöpferischer Energie*«, die nicht identische, individuelle Flächen hervorbringen.

So richtig es ist, dass jede Falte aus einem räumlichen Paradox besteht, so schwer bestreitbar ist es freilich auch, dass sich darin die ambivalente Geste von Abwendung und Zuwendung in schöner Gleichzeitigkeit vergegenständlicht. Wo Falten eine Gegenläufigkeit in ein und derselben Bewegung aufbauen, ist das wahrlich nicht immer leicht auszuhalten: Annäherung und Entfernung, Berührung und Loslassen, Verfehlen und Erreichen, Erwartung und Widerstand. *Coincidentia oppositorum* – die Einheit im Gegenläufigen, Polaren, Auseinander- und Zusammenstrebenden. Was in der Natur von Falten liegt, treibt die innere Spannung und gleichzeitige Gelöstheit ähnlich wie in fraktalen Ausdehnungen bis zum Äußersten. Und letztlich ist es genau dieser Exzess des Mäanders, den das Rokoko nicht müde wird, in Rocailles und Ranken endlos zu variieren und zu falten, bis dahin, wo Natur und Kultur wie in einem grandiosen Überschwang von vegetabiler Formengrammatik bruchlos ineinander überfließen. Für einen letzten geschichtlichen Augenblick gelingt es hier dem Ornament, Natur und Kultur die gleiche und synchrone Sprache sprechen, ihre verspielte Heiterkeit und scheinbar verschwenderische Naivität die Trübsal und Angst des stets zu kurzen und vom ersten Atemzug an todgeweihten Lebens überspielen zu lassen.

Vor diesem Hintergrund gewinnen die Konturen unserer Gegenwart an Schärfe. Denn es wird schnell erkennbar, wie brisant heute Gestaltungsspielräume von Zivilisation und Naturraum sind, sobald sie hier wie da Vielfalt reklamieren. Der mäandernde Spieltrieb, welcher der Epoche des Barock und Rokoko so gern von einer linearen – oder sollte man jetzt besser sagen: einfältigen – Moderne zum Vorwurf gemacht wurde, ließe sich angesichts des verheerenden Schwunds entfalteter ökologischer Räume und der zu ihnen gehörenden Artendiversität, wodurch die biologischen Faltungen der Natur lebensbedrohlich geglättet werden, ohne Weiteres als Ausdruck eines paradoxen Widerstands interpretieren. Hinter den faltenreichen Capricen jener Spiele aus Natur und Kultur verbirgt sich in Wahrheit das verschärfte Bewusstsein einer unvollkommenen und zerbrechlichen Welt, die es sich aufgrund ihrer Verletzlichkeit nicht leisten kann, aus bilateralen Berührungen einseitige Konflikte und aus Wechselseitigkeit monologische Herrschaft zu machen. Die Klarheit geometrischer Ordnung ist trügerisch, wie uns jeder barocke Raumwinkel, jede Ecke eines Spiegels oder Tischs überzeugen kann, wo rechte Winkel von Ranken und naturalen Rundungen kunstvoll überwachsen werden. Genau genommen kommt jenes kombinatorische Spiel verschlungener Zeichen und gewundener Formen dabei bloß einem unveräußerlichen Recht allen Lebens nach, sich feierlich, opulent und voller Leidenschaft über seine Verneinung und Auslöschung zu stellen.

Mäander und Falte, das ist die stetige, nie sich abrundende, nie sich schließende Abweichung, nie der Kreis, nie das Ganze. Eher schon die Nicht-Vollendung, die ihre Unsicherheit in die Form aufnimmt und an jedem Punkt wiedergibt. Geglückt ist in diesem Sinn dann alles, was Raum und Oberfläche dazu bringt, zu fließen und zu wirbeln, was die Faltung entfaltet – nicht zur Glätte, sondern zu noch mehr Falten, immer feineren Falten. Weit davon entfernt, Signatur von Macht und Unbeirrbarkeit zu sein, stimuliert der Mäander das Gegenteil glatter Ordnung: ein Spiel oszillierender Berührungen und der faltenreichen Korrelation. Worum es dem Leben, das sich seiner Verneinung gegenübersieht, dabei geht, ist, in einen dichten und zugleich entspannten, also schwingenden Zusammenhang mit dem Jetzt zu kommen.

Gott, so schreibt es sich der Allegorie ein, spielt mit den Falten an seinem Gewand, dem Universum. Das gilt insbesondere für die Zeit, die bei ihrem Fließen mäandern, sich falten und mit feinen

Unterschieden und Variationen anreichern soll. Auf diese Weise wird im letzten Moment, bevor die Moderne das Kommando übernimmt, um Entfaltung einer menschlichen Realität gerungen, in der sich die Zeit in jeder Sekunde ausdehnt, so wie es ja auch, mittlerweile wissen wir das, der Raum tut.

10. Versucher

Wie ich anfangs im Blick auf das Ensemble teuflischer Gestalten schon andeutete, stellt der Versucher eine beachtliche Figur innerhalb einer mäandernden Mentalität dar. Seine jahrhundertelange Diffamierung ist dem Umstand geschuldet, dass, wer etwas versucht, an einen Punkt gelangen kann, wo er von der Generallinie des gültigen Weltbilds und moralischer Richtlinien abweicht und infolgedessen aus dem Toleranzbereich der Wahrheit und Angemessenheit ausschert. Dass der Versucher ein doppelgesichtiges Wesen ist, lässt sich unschwer nachweisen. Man braucht sich dafür nur vor Augen zu halten, dass man nicht bloß versuchen, sondern auch versucht werden kann. Jedes Ich und jeder/jede andere besitzen gleichermaßen Versuchereigenschaften, vor denen man zu keinem Zeitpunkt und auf keiner Ebene des Seins gefeit ist. Auch Religionsgründer bleiben davon meist nicht verschont. Sogar der christliche Gottessohn, Jesus aus Nazareth, wird zur Versuchsperson, die sich während vierzig Wüstentagen den Anfechtungen des diabolischen Versuchers ausgesetzt sieht.

Mäander sind der formale Ausdruck einer aus vielseitigen Mitwirkungen und Einflüssen entstehenden Unsicherheit. Mit dieser Beschreibung wird einerseits das Bedürfnis nachvollziehbar, jeden Schritt und jede Handlung, die wir tun, abzusichern. Andererseits geht mit dieser Unsicherheit das psychologische Momentum für die Einflussnahme einer obskuren Macht einher, die den fatalen Führer in der Verführung verkennen lässt. Verführung ist aktiv-passiv (Ufer und Fluss): ein Ringen oder Geschehenlassen, das, geschlechterübergreifend, den psychologischen Reiz des *»systematischen Verführers«* (Kierkegaard) zur verschleierten Dramaturgie wechselseitiger Verschlingung steigert, mit der ein Höchstmaß an Täuschungsmöglichkeiten abrufbar wird und das Positive ins Negative (Mephistophelische) des Versehens wendet. Den ursprünglichen und doch schwer erklärbaren Moment innerhalb der Weltschöpfung, als der sich schlängelnde Versucher aus dem Himmel auf die Erde, seinem künftigen Aktionsfeld, gestürzt wird, imaginiert in aufwühlenden Worten bereits die Apokalypse des Johannes: *»Und es wurde geworfen der große Drache, die alte Schlange, der Teufel und Satan genannt wird, der den ganzen Erdkreis verführt, geworfen wurde er auf die Erde«* (Offb 12, 9).

Entsprechend derart dramatisierender Vorstellungen, windet sich im semantischen Feld des abendländischen Bildprogramms des Satanischen als einer mäandernden Lebensform ein skurriles und monströses Leben. Zusätzlich befruchtet wird es von volksmythischer Fantasie, in welcher der Raum der Natur noch einen Umfang besitzt, der, wie das äußerst eindrucksvoll Kaspar Schotts *Physica curiosa* (1662) zeigt, im Bestand der Naturerscheinungen problemlos Tiere, Monster und Dämonen nebeneinander aufführen kann: Drache, Salamander, Tatzelwurm, Abraxas, Amphisbaena, Basilisk, Hydra, Leviathan. Zusammen bevölkern sie jedes Bestiarium eines unheilschwangeren Phantasmas, womit das Hybride und Uneindeutige, das schwer Greifbare und morphologisch Schlingernde die Merkmalliste des Bösen mit all seinen Chimären der Abirrung anführt. Nur folgerichtig also, wenn es der kosmografischen und taxonomischen Ordnung entspricht, alle diese Gestalten, angefangen bei Plinius und Augustinus über Hartmann Schedel und Conrad Lycosthenes und noch bis in die Naturphilosophie des 17. Jahrhunderts hinein, als so fürchterliche wie reale Fehlentwicklungen der Natur zu deuten.

Die Attribute des Versuchers bezeugen durchgängig dessen ambivalent tierhafte und gewundene Natur. Dass sich derartige Zuschreibungen nicht zuletzt in der Moralistik auswirken, ist dann alles andere als verwunderlich, insofern die tierhafte, triebhafte und daher verführbare Seite von

Menschen – sprich: das Individuum »*mit krummer und schiefer Seele*« (Johann Caspar Lavater) – als besonders problematisch betrachtet wird. Während die Moralistik diesen vermeintlichen Makel durch allerhand kontrollierende und gebietende Maßnahmen zu beheben oder zumindest einzuschränken unternimmt, wählt die wissenschaftliche Moderne allerdings eine Alternative, die das Versucherische in eine produktive Strategie überführt. In ein Programm von Erkenntnisgewinnen.

Besäßen wir Menschen absolutes Wissen, wäre die Welt für uns vollständig durchschaubar. Wer ein solches Wissen beansprucht, für den besteht kein Anlass zum Staunen und Nachforschen. Kein wahrer Gott wird jemals staunen. Das Defizit an Wissen, das jeden unserer Schritte unsicher, und der Mangel an Information, der jede unserer Aktionen in einem gewissen Maß zu einem Versuch macht, schließt es ein, dass wir Fehler begehen, die wir nur korrigieren können, indem wir in eine andere Richtung weitergehen, weitermachen, weitersuchen. Mit einem Wort: Wir schlingern.

Körper schlingern, doch auch Kognition und Erkenntnis schlingern. Wer Allwissenheit, der nichts verborgen, zweifelhaft oder unklar bleibt, nicht besitzt, dem steht kein anderer Ausweg zur Verfügung, als die geduldige Arbeit am Obskuren und einstweilen noch Schleierhaften aufzunehmen. Intransparenz beschreibt die Voraussetzung für eine spezifische Art von Intelligenz, die sich in der empirischen Wissenschaft entfaltet. Die Suche nach Erkenntnis nimmt dabei, das kennzeichnet die anhaltende epistemologische Situation, die Form des Versuchs an.

Der Mäander ist keine feststehende Figur, kein fixiertes Bild, sondern eine reziproke Bewegung in actu, innerhalb einer Grammatik der Relationalität. Welche Spur zeichnet das Wissen jedoch durch die Landschaften unserer Unkenntnis, welchen Weg nimmt es durch die ausgedehnten Felder von Fehlern, Irrtümern und Illusionen? In der empirischen Moderne, wo sich der Anspruch an Wahrheit mit dem Bewusstsein eingeschränkter Erkenntnis verknüpft, entsteht Wissen nicht aus mystischer Erleuchtung oder durch unangefochtene Autorität. Vielmehr bindet es sich an Kriterien von Nachprüfbarkeit und an eine Zustimmungsfähigkeit, die prinzipiell auf alle vernünftigen Wesen ausgedehnt ist. Mit diesen Maßgaben einer Erkenntnis *in progress* formuliert sich ein strenger Sinn von Wissen, der den Bewegungsspielraum, in dem sich allgemeingültige Erkenntnis gewinnen lässt, zwar erheblich einschränkt. Doch machen nur Personen, die auf diesem Pfad wissenschaftlich forschen, auch Fortschritte, die in ihrer Folge den Eindruck erwecken, *»als führten sie in gerader Linie zum gegenwärtigen Stand der Disziplin«* (Thomas Kuhn).

Es handelt sich gleichwohl um eine Täuschung. Denn das Bild vom Wissensfortschritt, vorherrschend geworden nach beachtlichen Erfolgen in den zurückliegenden Jahrhunderten, ist höchst suggestiv, wenn es, wie häufig der Fall, mehr aus dem Blickwinkel positiver Versuchsergebnisse gemalt wird und weniger vom Prozess des Versuchens selbst her. Was der szientifische Fortschrittsglaube, welcher der Erzählung über eine straffe Kette glorioser Errungenschaften und kumulativer Erkenntnisanreicherung entspringt, dabei jedoch verdeckt, umfasst die mühsame und kleinteilige Geschichte einer sehr viel längeren Reihe von Fehlschlägen, Irrtümern, falschen Theorien und Trugschlüssen. Darüber, dass der Weg der Erkenntnis so gut wie nie geradlinig verläuft, belehrt schon ein oberflächlicher Blick in die neuzeitliche Wissenschaftsgeschichte. Denn nahezu täglich erlebt jede Einzeldisziplin in ihrer Forschungspraxis unerwartete Wendungen und Umwege. Nicht anders, wenn auch über längere Zeiträume hinweg, verhält es sich innerhalb der Theorie- und Paradigmenbildung. Die Serpentine der Erkenntnis – der Wissenschafts- und Technikentwicklung – liefert uns unzählige Hinweise dafür, dass Erfolgsgeschichten krumme Geschichten sind.

Wir sollten es also ernsthaft in Betracht ziehen, an den Anfang eines jeden wissenschaftlichen Organons folgende Verse aus Rainer Maria

Rilkes *Sonette an Orpheus* zu stellen: »*jener entwerfende Geist, welcher das Irdische meistert, / liebt in dem Schwung der Figur nichts wie den wendenden Punkt*«. Weder beim grundlegenden Wissen noch bei technischem Entwerfen handelt es sich um feste Größen. Beide suchen nach der Inflexion, dem gereizten Punkt innerhalb ihres Forschungsdesigns, beide befinden sich in einem laufenden, mäandernden Prozess, der prinzipiell unabschließbar ist. Abseits der Ordnungen nicht empirischer, transzendenter Wahrheit ist kein Wissen, wie man oft fälschlicherweise glauben wollte, ein fester Besitzstand. Es beschreibt vielmehr einen Erprobungszustand, eine vorläufige typologische Ordnung, die im Bedarfsfall, wie etwa beim Auftauchen neuer Sachverhalte, umgeordnet, umgelenkt werden kann.

In aller Regel verleiht die breit entfaltete Praxis des Experimentierens dem versuchenden Intellekt jenen unverzichtbaren »*Schwung der Figur*«, Ergebnisse zu überprüfen, Erkenntnisse nötigenfalls zu korrigieren und nach Wendepunkten des Wissens Ausschau zu halten. Der Irrtum bildet in diesem fließenden Prozess zwischen den beiden Seiten von Erkennendem und Erkanntem, Signifikat und Signifikant, mit Hegel gesprochen, »*ein notwendiges Moment der Wahrheit, welche nur ist, indem sie sich zu ihrem eigenen Resultat macht*«. Jedes Wissen ist im Werden, ist vorläufig, rückgekoppelt an den Forschungsfortgang. Das wurde von der Wissenschaftstheorie längst nicht immer für begrüßenswert erachtet, etwa wenn Francis Bacon bedauert, dass unser schlingernder Intellekt nicht anders kann, als im *»Verkehr zwischen dem Geist und den Dingen«* *»ein ewiges Schwanken«* an den Tag zu legen und gelegentlich sogar *»auf Abwege und in Abgründe«* zu geraten.

Doch nichts ist mehr als ein Versuch. Über diese Wahrheit eines essayistischen Wissens, das einen unauslöschlichen Teil unseres Lebens ausmacht, kommt kein endliches Wesen hinaus. Um aus den Dingen schlau zu werden und es dabei zu einer für die Erde und unsere Mitlebewesen verträglicheren Vernunft zu bringen, als wir sie in der Vergangenheit beobachtet haben, würde sich die Aufgeschlossenheit für die Tatsache fraglos als vorteilhaft herausstellen, dass in jeder wissenschaftlichen Formel die Anspielung auf ein Sein enthalten ist, in der das Wunder der Wechselseitigkeit einer mäandernden Bewegung mitschwingt. Wenn menschliche Intelligenz sich ihrer Berechtigung erklärtermaßen mithilfe einer Methode von Selbstkritik und einer der Vorläufigkeit allen Wissens geschuldeten Zurückhaltung versichert, verringert sie die Gefahr jener zerstörerischen Selbsttäuschung, Wissen wäre beherrschbar und die Welt demjenigen unterworfen, der etwas weiß.

Wissen, so die mit der Neuzeit gewachsene Überzeugung, verstärkt die Chancen, alles unter Kontrolle zu halten. Doch die eigentliche Lehre, die es aus der Haltung, Wissen sei Macht, heute zu ziehen gilt, lautet: Einzig das essayistische Denken wird unserem nicht behebbaren Mangel an Information, an Übersicht, Sicherheit und Kontrolle innerhalb der mittlerweile entstandenen Welt des Fluxus und der Fluidalexistenz gerecht. Jede Handlung geschieht im Horizont von Ungewissheit und Erprobung. Die dialogische Plastik des verändernd-veränderten Mäanders unseres Wissens sollte dazu Anlass geben, sehr viel genauer als bisher auf das Wechselspiel des »*Werdens in all seinen Konfigurationen*« zu achten. Ein Werden, das »*keine Nachahmung oder Angleichung, sondern ein zweiseitiges Einfangen, eine nicht-parallele Entwicklung, eine Vermählung zweier Reiche*« meint. Solches Denken ist selbst »*ein Strom, der sich mit anderen Strömen vereinigt – mit allem Minoritär-Werden der Welt. Ein Strom ist etwas Intensives, Plötzliches und Wandelbares, zwischen Schöpfung und Zerstörung.*« (Gilles Deleuze)

Wissen als Verstehen unterliegt somit der Selbstbefragung und Selbstberichtigung, der dialogischen Dynamik, im Mäander wechselseitiger Berührung eine reziproke Bewegung der Selbstwerdung des Anderen und der Fremdwerdung des Eigenen ins Werk zu setzen. Das gilt für den interpersonellen wie den interkulturellen Mäander einer Epoche, sofern sie ihre Bereitschaft erklärt, dominante, hierarchische, koloniale Ordnungen der Welterklärung aufzulösen. Der Mäander, nicht die Pyramide, ist die weltbewegende *figura* dieser Zeit.

Die Folgerung, die sich aus diesen Feststellungen ableiten lässt, lautet also: Geschichte ist nicht mehr als das Versuchsprotokoll, das wir – als unser eigenes Versuchstier – erstellen. Versuch und Versuchung sind das prägende Merkmalspaar unserer Zeit, in der an die Stelle religiöser Jahrtausendwahrheiten oder ideologischer Großversuche in Form politischer Utopien kaum weniger ambitionierte ökonomische, technowissenschaftliche, psychomediale oder humantechnologische Versuche getreten sind, gebündelte gesellschaftliche Energien und Anstrengungen, welche die historische Wirklichkeit zum liquiden Vielfachmäander aus Informationen, Daten, Werten, Verheißungen und Ängsten machen. Von der Gegenwart aus betrachtet, lässt sich kein anderer Eindruck gewinnen, als dass sich dieser machtvolle Fluss, dieses verschlungene Flusssystem, nie wieder aufhalten lassen wird. Doch auch dieser größte aller Flüsse unterliegt letztlich dem Gesetz der Ablenkung.

Können wir uns mit der einzigen verbliebenen Gewissheit trösten, dass wir als Menschheit über das Versuchsstadium nicht hinauskommen? Wobei das Privileg, allesamt Essayisten zu sein und in einer Gleichheit von Versuchern zu existieren, keinesfalls gering zu schätzen ist, erlaubt es uns doch, Bewegungen und Gegenbewegungen zu vollziehen, ohne mit uns selbst in Widerspruch zu geraten. Wir können umdenken und umlenken. Wer hingegen an Widersprüchen festhält, muss feste Positionen verteidigen, und das in einer fluiden Realität, in welcher *»der Fluss der Zeit [...] ein Fluss [ist], der seine Ufer mitführt«* (Robert Musil).

11. Gaben und Galanterie

Damals, in jenen römischen Tagen, ließ mich der sonderbare Gedanke an das Ministerium nicht mehr los, in dessen Aufgabenbereich es fallen würde, die gesellschaftliche Anmut zu befördern. Wahrscheinlich begleitete mich jene Vorstellung nur, weil die Zeit wie ein einziges, langes Divertimento war, weil jede Stunde einer Vereinbarung des Moments entsprang. Und wie jedes Divertimento, das dem akustischen Sinn die aus schlängelnder Melodieführung und motivisch ritornellhaften Schleifen bestehende Mäanderbewegung einspielt, kam mir auch jeder Tag wie ein nicht endendes Spiel von Schwingungen vor. »*Alles Gerade lügt*«, murmelt verächtlich Nietzsches Zwerg, »*alle Wahrheit ist krumm, die Zeit selber ein Kreis.*« Die Bravour des Divertimentos, seine Flexion der Zeit, setzt eine rhythmische und melodische Form der Wendungen in Gang und seine Re-Flexion, sein umwegiger Aufschub des Schlusses, lässt sich als ein in Musik umgewandeltes Wissen verstehen, unabgelenkt und unbeirrt nicht menschlich bewegt sein zu können.

Via Condotti. Dort setzte ich mich an einem Nachmittag, nachdem ich einige Stunden umhergeschweift war, ins Caffè Greco. Ich schrieb ein paar Bemerkungen zum Barock in mein Notizheft und nahm mir vor, nach meiner Rückkehr das Buch von Gilles Deleuze zur Falte nochmals zu lesen. Anschließend dachte ich über das Bummeln, Schlendern und Herumspazieren nach, jene bürgerlichen, urbanen Spielarten des vormaligen aristokratischen Lustwandelns in Landschaftsgärten, das uns mit seiner spontanen Umständlichkeit auch heute noch in den Beinen steckt und das unfehlbar in Situationen zum Vorschein kommt, wo wir uns nicht mehr so ganz im Griff haben, weil wir müde, berauscht oder im Gefühl der Leichtigkeit und des Glücks unterwegs sind.

Nachdem die Rechnung bezahlt und ich gerade im Begriff war, wieder auf die Straße hinauszutreten, wo ich die kurze Stecke zur Spanischen Treppe einzuschlagen vorhatte, wurde ich wie jeder andere Gast des Caffè Greco vom Kellner an der Tür persönlich verabschiedet. An diesem Ort nichts Ungewöhnliches also, doch die Art, wie er das tat, gab mir den Anstoß, über zwei Dinge lange zu grübeln. Die Sache war im Grunde ziemlich unscheinbar, nicht mehr als eine kleine Szene, bei welcher der Kellner eine Bewegung ausführte, von der ich nicht einmal behaupten könnte, sie wäre übertrieben oder sonst in irgendeiner Weise kurios gewesen. Was mich daran trotzdem frappierte und zum Nachdenken brachte, war die Tatsache, dass sie unverkennbar galant war. Ich erstaunte darüber, wie die fließende Bewegung von Kopf, Rumpf und rechter Hand die klaren gestischen Konturen von Weiblich und Männlich verwischte. Genau so, dachte ich, muss ein Casanova oder Goethe an genau dieser Stelle verabschiedet worden sein.

Natürlich, das war ja nicht zu übersehen, handelte es sich um ein Zitat. Wie die Galanterie es schon immer gewesen ist. Doch ist sie zugleich auch mehr als das, sofern sie unvermindert auf dem geringfügigen Unterschied zum bloßen Zitat besteht. »Die *wahrhafftige Galanterie*«, von der Christian Thomasius gegen Ende des 17. Jahrhunderts spricht, entsteht aus einer dichten Kultur von Regeln. Zwar buchstabiert der Körper dabei einen gesellschaftlichen Code, das *decorum*, nach. Ausschlaggebend ist jedoch, das allgemein codierte Soziale gekonnt verschwinden und zur individuellen Ausdrucksweise werden zu lassen. Was äffisch und imitativ wirkt, wirkt eben nicht im Raum der »*Galante Conduite*«, bei der nicht nur Geschlechterdifferenzen, sondern auch Öffentliches und Privates subtil ineinandergleiten und sich verschlingen.

Die Kultur galanter Wiederholung von körperlichen und sprachlichen Wendungen prämiert keinesfalls den Entschluss zu stereotyper Reproduktion. Gleichförmigkeit macht jede Bewegung zum mechanischen Vorgang und jede kommunikative Geste lächerlich, die es mit Raffinesse auf feine Differenz anlegt. Um galant zu reüssieren, müssen die Regeln zugleich beachtet und gebrochen werden. Darin erfüllt sich der durchaus prekäre und nicht leicht zu erlernende Seiltanz, von dem nicht zuletzt der Manierismus barocker Gewandtheit herrührt, jene skurrilen Züge im feudalen Benehmen, die im formvollendeten, höflichen Charakter, wie ihn das Bürgertum in einer späteren Epoche idealisieren und teilweise übernehmen wird, lange nachwirken. Insofern wäre es ein Irrtum zu meinen, barocke Gewandtheit erschöpfe sich in Wiederholungen rein äußerlicher, marionettenhafter Etikette. In Wahrheit geht es bei ihren Figuren darum, die Faltungen der Seele als einer Individualität wahrnehmbar zu machen oder, mit einem schönen Ausdruck von Deleuze, die »*Innerlichkeit im Raum*«.

Das hat für ein Zeitalter prägende Konsequenzen. Während nachfolgende Epochen, beginnend mit der Empfindsamkeit des 18. Jahrhunderts (von der *sensibilité de l'âme* bis zum *sentiment d'existence*), die wir in ihrer achtsamen Selbstzuwendung noch heute nicht verlassen haben, bestrebt sind, das Innen nach außen zu kehren, entwickelt sich bei der Galanterie die Person von außen nach innen. Bei der Wendung des Außen, des Scheins, nach innen ordnet der galante Charakter sich einer Individualität zu, die sich nicht festschreiben, sich, streng genommen, nicht einmal vorschreiben und die sich im Übrigen auch nur schwer beschreiben lässt. Noch immer bemerkenswert daran ist, wie sich im Momentum von Eigenart, Unverfügbarkeit und Freiheit innerhalb einer Kultur des Regulären und der Repetition mit der galanten Manier ein überraschender Hang zum politischen Statement verbindet. Im gesellschaftlichen Handlungsfeld operiert die galante Geste mit scharfsinnig registrierten, wiewohl nur schwer greifbaren Unterschieden. Typischerweise spielen sie auf einer ironischen Ebene, auf der das Nichtironische einer gerade nicht zur Disposition stehenden menschlichen Unabhängigkeit aktiviert wird.

Das für uns heute Interessante an »*L'Europe galante*« könnte die Frage nach den politischen Merkmalen eines Lebensstils sein, der so tut, als hätte jeder Einzelne die Pflicht, die Freiheit und Menschlichkeit seines Gegenüber durch eigene Gesten zu befreien oder zumindest hervorzulocken (so wie Schiller Schönheit als »*eine* Pflicht *der Erscheinungen*« betrachtete). Galanterie ist das Ethos der Begegnung, die auch die Freiheit des Anderen zur Geltung bringt. Galanterie meint eine Politik des wechselseitigen, mäandernden Respekts. Was sie eng mit der Anmut verbindet, von der wir sagten, sie verwirkliche sich in einer Unabhängigkeit, die sich in Beziehung zu anderen setzt und formt. Aus diesem Grund gingen noch die erbittertsten Vorwürfe, die Galanterie wolle nichts anderes als manipulieren und verführen, schon immer am Kern der Sache vorbei. Statt um manipulative Überwältigung geht es um das Geschenk der Berührung, und an die Stelle von linearer Lenkung auf einen fremdbestimmten Punkt hin tritt die Lust der koordinierten Abschweifung.

Beim Schritt auf die Via Condotti merkte ich mit einem Mal ein Lächeln in meinem Gesicht, ein unwillkürlicher Widerschein der Liebenswürdigkeit des Kellners, der zuvor mit einem »*Grazie*« seinem Anteil an unserer kleinen gemeinsamen Szene die Abrundung verliehen hatte. Und dann merkte ich während der darauffolgenden Tage, wie mir dieses »*Grazie*« nicht aus dem Kopf ging. Tatsächlich setzte es mich auf eine sprachliche Fährte, der nachzugehen ich für gewinnbringend hielt. Zunächst führte mich die Spur erneut in die Nähe der Anmut, genauer der Grazie, denn deren semantische Verwandtschaft zu ›*gratitude*‹, ›*gratuité*‹, ›*gracias*‹ und ›*grace*‹ wird rasch offensichtlich. Über die weitere etymologische Recherche erlangte ich Kenntnis darüber, dass ›*gratia*‹ ursprünglich das aufmerksame Zuvorkommen und die gegenseitige Wertschätzung meinte und über eine sprachliche Wurzel mit dem deutschen

Wort *›gern‹* in Verbindung steht. Doch ist damit natürlich längst nicht erklärt, wie es sich über eine sprachgeschichtliche Verbindung hinaus mit der sachlichen Vernetzung jener Begriffe verhält.

Der frühste Moment, in dem sich der in Frage stehende kulturelle Link bemerkbar macht, fällt in die Zeit des ersten nachchristlichen Jahrhunderts. Damals bringt der in Rom lebende Stoiker Lucius Annaeus Cornutus die Grazien, die bereits die antike Bildtradition mit sich umschlingenden, biegsam geschwungenen Körpern darstellt, erstmals mit der besonderen *›gratia‹* der Stadt Rom und des Imperium Romanum in eine unmittelbare Verbindung. Mit diesem nie rückgängig gemachten Schritt vollzieht sich in Rom die Vereinigung von Anmut und Dank, eine wegweisende Verknüpfung von Ästhetik und Ethik.

Dank entspringt einem Akt des Gebens, einer Urszene menschlicher Wechselseitigkeit. Um den dabei so wirksamen wie weitreichenden Zusammenhang zu erfassen, kommen wir allerdings nicht umhin, ethnografische Überlegungen zum Gabentausch in Erinnerung zu rufen. Marcel Mauss gelang es, durch Erforschung bestimmter Rituale und Rechtspraktiken unterschiedlicher Kulturen zu der Einsicht vorzudringen, dass sich im Tausch von Gaben der eigentliche Charakter unserer sozialen Beziehungen verwirkliche. Der Vorgang, Gaben zu tauschen, eignet sich besonders gut dafür, die Voraussetzungen für friedliches Zusammenleben zu schaffen. Mauss' Forschungen zeigen, wie der Gabentausch innerhalb der eigenen ethnischen oder religiösen Gruppe, aber auch darüber hinaus das Risiko einschränkt, dass ein unvermeidlich konfliktanfälliges soziales Handeln misslingt und Unheil verursacht. Die Ökonomie der Gabe berechnet, so gesehen, soziale Gewinne.

Menschen sind seitliche Wesen, sie haben viele Seiten, was nur eine theoretische Perspektive darauf ist, dass sie berührend-berührte, also von Grund auf soziale Entitäten sind. Ihre Lateralität kann, der Situation jeweils angemessen, zweiseitig (bilateral) oder vielseitig (multilateral) sein. Praktisch vollziehen Gaben den Gründungsakt von seitlicher Relationalität. Allerdings funktioniert die Praxis des Gabentauschs, aus der auf Empfängerseite ein Überschuss an Wohlwollen, Vertrauen und Anerkennung entspringt, bloß unter einer Voraussetzung: Wer etwas schenkt, stellt damit eine Verbindung her, die zur Resonanz aufruft. Da Verbindlichkeit ein gegenseitiges Verhältnis einsetzt, das vorher nicht existierte, also: eine laterale Beziehung, verlangt eine Gabe in irgendeiner Form nach Erwiderung. Das wirkliche Geschenk jeder Gabe liegt in der gestifteten Realität der Wechselseitigkeit, weswegen sich ihr eigentlicher Wert auch weniger am Sachwert des Ausgetauschten als an dem des Austauschs selbst bemisst. Die Kostbarkeit dieses Austauschs liegt in der Vergleichbarkeit des Menschlichen, im Übersprung des Wir zum aktiven Verhältnis unterschiedlicher, sich zuvor fremd, vielleicht sogar feindselig gegenüberstehender Seiten zu gelangen. Man schreibt damit die Initiale im fortan ausformulierbaren Text gegenseitiger Menschlichkeit.

Der prinzipiell tödlichen Identitätsdifferenz zugunsten einer fluiden sozialen Berührung entsagend, die das Eigene mit dem Fremden in kulturelle Berührung bringt und dadurch umgestaltet, baut sich so eine wechselseitige Zusammengehörigkeit auf, und zwar innerhalb einer buchstäblich ambivalenten Verführung, die im Zeichen des freien Gebens steht. Wenn Gaben unauflöslich mit der Forderung nach dynamischer Symmetrie einhergehen, dann deshalb, weil sie ihrem tiefsten Sinn nach Gesten des Gewaltverzichts sind. Die Zurückhaltung von Herrschaftsinstinkten gilt ausnahmslos für jede Seite der neu gestifteten oder bekräftigten Beziehung, sprich: für die spezifische Konstitution des Wir. Und genau genommen ist es ebenjene dritte Person Plural, worin das Wesen von Gastfreundschaft letztlich besteht. Gastfreundschaft gewährt etwas, indem sie auf Xenophobie verzichtet und zur Gabe – von Nahrung, Schutz, Unterkunft – einlädt, um zum Dank den zivilen Raum zur Gegeneinladung geöffnet zu wissen. Geben stiftet eine verbindende, verändernd-veränderte Berührung. Eine Berührung (mehrseitige Fühlungnahme), mit der sich jenes Hervorschnellen einer Vergegenwärtigung aus der Zeit (der Emergenz des Jetzt) vollzieht und so das Ereignis von Wechselseitigkeit – die Volte des Nicht-Kriegs, Nicht-Tötens, der Nicht-Macht – modelliert: »*ein ›Präsens‹ / ›Präsent‹ – Aktualität und Gabe zugleich*« (François Jullien).

Für das politische Denken Europas und seine Formen von Vergesellschaftung, für die abendländische Interpretation von »*gratia*«, hatte die sich entfaltende Kultur der Gabe Folgen, deren Auswirkungen uns noch heute beschäftigen. Wir können davon ausgehen, jede Form von Kommune, von Gemeinschaft, schließt ein tiefgehendes, ein fundierendes Wissen vom politischen Wert des Gebens ein. Nach römischem Recht verfasst sich die »*communitas*« mittels »*munera*«, sprich: durch geteilte Gaben, die der Allgemeinheit zugutekommen und als Abgaben institutionalisiert werden können. Dazu gehören Unterstützungen für die Armee ebenso wie die Ausrichtung von Gladiatorenspielen oder der Militärdienst. Während Egoismen zur Isolierung und Privatisierung von Vorteilen (Beraubung) führen, stiftet die Pflicht zum Teilen eine vorteilsähnliche Gemeinschaft unter problematischen Umständen, die ein realer Mangel an gemeinsamer Identität, an gleicher Ethnie, sozialer Klasse, Hautfarbe, Nationalität,

Geschlecht usw. kennzeichnet. Gemeinschaft entsteht in genau jenem Moment, wo auf den Entschluss, von Unterschieden abzusehen, eine egalitäre Praxis des miteinander Teilens folgt, was in seiner Logik das Verteilen nicht zuletzt von Macht und Reichtum bedeutet: gleiche Teilhabe.

Die Negation der offenen, berührenden und dialogischen Wechselseitigkeit überführt die Dynamik sozialer und politischer Mäander auf Dauer unausweichlich in die Statik monologischer Diktate und letztlich von direkter Gewalt. Im Gegensatz zu hierarchischen Anordnungskomplexen, die Macht asymmetrisch lagern und linear in Befehlsketten exekutieren, sind Systeme von Mitwirkung und Teilhabe ausnahmslos mäandernde Systeme, in denen vielseitige Einflüsse die politische Strömung und gesellschaftliche Ausrichtung erzeugen. Seit der Antike, genauer seit Solon, meint Eunomie jene gute, gerechte und glückliche Ordnung innerhalb eines Gemeinwesens, die sich unter der idealen Voraussetzung der Mitwirkung eines jeden Bürgers der Polis (wovon real Sklaven, Frauen oder Fremde (Metöken) ausgenommen waren), mithin unter einer Vielzahl interaktiver und intereffizienter Wechselwirkungen selbst schafft und fortentwickelt. Ähnlich wie in den Landkarten des Gesprächs der geschwungene Fluss der hin und her gehenden Sätze den sozialen und intimen Rhythmus unserer sprachlichen

Berührungen aufzeichnet, formt in diesem Musterbild partizipativer Verfasstheit eine kollektive Einflussnahme die gesellschaftliche Strömung und den naturgemäß ungeraden, wendungsreichen Lauf der historischen Entwicklung.

Im Vorherigen habe ich bereits ausgeführt, wie der elementare Antagonismus unterschiedlicher Dinge – von Flüssigem und Festem, Land und Fluss – die eigentümliche Mäander-Gestalt beider Seiten sowohl auseinander hervorgehen wie sie ineinander enthalten sein lässt. Überträgt man jetzt die Kräfte der Mäanderbildung aus der Physik ins Feld sozialer Dynamiken, wird ersichtlich, wie unter Bedingungen der Randreibung des Individuums oder einer Gruppe mit der – menschlichen und nicht menschlichen – Umwelt vor allem Kräfte gegenseitiger Verwandlung zu wirken beginnen. Randreibungen beziehungsweise Begegnungen sind stets Ereignisse der Unsicherheit, in denen eine offene, prekäre Zukunft schlummert. Hegel ging so weit, in sozial undefinierten Begegnungen Situationen mit lebensbedrohlichem Charakter zu sehen. Die Unsicherheit oder Gefährlichkeit geschieht in diesem Moment auf zweifache Weise: einerseits vital, andererseits – schließlich wird unter Bedingungen der Begegnung mit anderen das imaginäre Eigene infrage gestellt und in seiner Bedeutung verunsichert – mental. Was an Selbstwahrnehmung oder an weiterentwickeltem

Selbstbewusstsein dadurch provoziert wird, setzt die mentale Reibung am Anderen voraus. Kein Selbstbild ohne Fremdeinfluss.

Die vitale Gefahr der Begegnung wird also, anders als ein naiver Akademismus glauben machen will, nicht durch Reflexionen des Anderen, sondern durch Zuwendung zum Anderen überwunden, in einer reichen Praxis der Gabe. In ihr realisiert sich die Inauguration jenes Mäanders des Sozialen, von dem für das gesellschaftliche Leben unverzichtbare Energien der Aggressions- und Tötungshemmung ausgehen. Die Gabe verwandelt den Naturzustand des bedrohlichen Zusammenpralls in den sozialen Zustand der friedlichen, koevolutionären Beziehung. Denn mit ihr erfolgt der Schritt von der polemischen (gefährlichen) zur pazifizierten (nicht bedrohlichen) Begegnung. Im Rahmen gebender und nehmender Begegnungen wandelt sich die Bedrohung durch Fremdes zum gesellschaftlichen Hin und Her, das tödliche Aufeinandertreffen von Gegnern zum lebendigen, fortgesetzten Wechselspiel von Zivilisationen. Wenn sich der mentale, wenn sich der vitale Sinn lateraler Begegnungen, die das semantische Feld von Kontakt und kulturell parallelen Lebensweisen überschreiten, darin verwirklicht, vom anderen berührt, beeindruckt, angesprochen und verändert zu werden, wird mit der Dauer und Vielfalt solcher Begegnungen die Erkenntnis unausweichlich, wonach jede Individualität aus einer anderen hervorgeht. Und auch, dass sie ohne dynamische Wechselseitigkeit, ohne den Mäander wirklicher Begegnung undenkbar wäre.

Wo mit jeder Gabe – und Gegengabe – eine Haltung anhaltender und absichernder Aufmerksamkeit gestiftet wird, werden Gruppen und Einzelwesen in eine Lage versetzt, bei der sich die sozialen Prozesse bei bestimmten Gelegenheiten zu ausschwingenden Bögen weiten, zu Verausgabung und Hingabe, im Extrem zu einer Form ritueller Überhöhung der Wir-Beziehung, wie sie sich besonders eindrucksvoll beim Potlatch der *natives* im nordwestlichen Amerika ausdrückt. Das »*Fest des Gebens*«, das sich bis zur totalen symbolischen und materiellen Verausgabung intensivieren kann, findet in anderen kulturellen Zusammenhängen seine Entsprechung in Form einer Hingabe, die bis zum Opfer des eigenen Lebens führen kann. Selbst in Fällen solcher Übersteigerungen (Ekstasen) transzendiert die Ökonomie des Mäanders das Ich und Du auf ein bindendes Wir hin.

Gabe und Dank bilden also mit ihrem schwungvollen Hin und Her die universelle soziale Wellenlinie einer freien, korrelationalen Figur. Diese führt uns ein grundlegendes Beispiel für einen plastischen, nicht hegemonialen Dialog vor Augen, bei dem nicht lineares Mäandern ein szenisches, durch Akte des Gebens – Übergabe, Hingabe, Verausgabung, Vergebung – umgesetztes Prinzip von Gegenseitigkeit und Gleichheit darstellt.

Der mäandernde Prozess von Gleichheit ist ein *»soziales Totalphänomen«* (Mauss), das, eben weil in ihm die Voraussetzung aggressionsgehemmter, befriedeter Lebensräume besteht, leicht gestört werden kann. Etwa wenn beim Akt des Gebens die Umkehrgeste bereits kalkuliert und Erwartungen erzeugt werden. In einem derartigen Fall sieht sich das gesamte Gefüge korrumpiert, weil sich statt der Gabe jetzt ein verdeckter Handel vollzieht. In Gesellschaften ebenso wie in der Politik von Staaten finden sich täglich zahllose Beispiele, die mit Ritualen der Freizügigkeit lediglich versteckte Interessen und Machtbestrebungen kaschieren. Wenn sich auf diese Weise ein Systemwechsel innerhalb der Gesten des Gebens durchsetzt, hat das etwas zutiefst Beschämendes an sich, denn man wendet sich damit von jenen ab, denen angeblich etwas geschenkt werden soll.

Anzumerken bleibt noch, dass der Mäander des Gebens als Kollektor psychopolitischer Energien in der Vergebung eine äußerste soziale Erweiterung besitzt. Die Vergebung gibt, indem sie etwas aufgibt, ob Rache, Vorwürfe, Verfolgung eines anderen, Schuld. Bei alldem ist jede Gabe, unabhängig ob Geschenk oder Vergebung, nur insoweit selbstlos, als sie das verlässliche, überschreitende

Wir durch die aktiv mäandernde Beziehung stiftet. Ohne diese dynamische Referenz würde jedes System menschlichen Zusammenlebens kollabieren. Lenken wir an diesem Punkt, wo sich die soziale Schwingung der Gabe ausgiebig auf die dynamische Figur des Mäanders ausgerichtet hat, den Blick noch einmal auf das Phänomen der Anmut zurück, die sich jetzt in eine Theorie der Gabe einbeziehen lässt. Anmut, innerhalb derer wir auf den körperhaften Ausdruck einer freigiebigen Ökonomie, einer Generosität der Zuwendung treffen, ist nicht zufällig dazu geeignet, andere Menschen zwanglos zu gewinnen und sich zu verbinden. Es liegt in ihrer einnehmenden Erscheinung, anderen die Verbindung mit uns selbst, über alle Unterschiede hinweg, leicht und angenehm zu machen. Mit diesem Charakterzug repräsentiert sie das gestische Verlangen, für andere zumutbar zu sein, für die ich, zunächst eine unkalkulierbare Energie, nun ein zumindest annehmbarer Mensch werde. Anmut bringt den universell solidarischen Körper zum Vorschein.

Roland Barthes Wort vom Engagement der Form (*l'engagement de forme*) weitet die Sache noch ein weiteres Mal aus, indem ins Spiel der Gabe nun auch nicht menschliche Lebensformen einbezogen werden müssen, schon aus dem unbestreitbaren Grund, weil wir Menschen diesen Lebewesen und Lebensräumen seit Jahrhunderten weitaus mehr genommen haben, als wir ihnen jemals geben könnten. Der Wirkzusammenhang von Lateralität ist unterdessen so gravierend in ein Missverhältnis zerstörerischer Ausbeutung geraten, dass das ursprüngliche integrale Zusammenleben in ein massenhaftes Verenden von einzelnen Tieren und ganzen biologischen Arten übergegangen ist. Der Erkenntnis lässt sich folglich nicht länger ausweichen, dass die Logik der Gabe ein Rechtsverhältnis begründet: »*Soviel die Natur dem Menschen gibt, soviel muss dieser ihr, die zum Rechtssubjekt geworden ist, zurückgeben.*« (Michel Serres)

Bei jeder Landschaft handelt es sich um eine Kollaboration, die nicht aus festen Positionen und einer hierarchischen Ordnung, sondern aus einem mäandernden Fließen besteht, aus Prozessen von Labilität und Stabilität, Grund (*causa* und *fundus*) und Fluss, Rinnen und Gerinnen. Der Moderne nun war es vorbehalten zu versuchen, und es ist ihr in weiten Teilen auch gelungen, die kooperative Grammatik planetarischer Austauschbeziehungen in nahezu allen Landschaften grundlegend umzuschreiben, um partielle Interessen in linearen Modellen durchzusetzen. Heute allerdings befinden wir uns an einem Punkt, an dem eine historische Umwendung dringend vonnöten ist. Denn anstatt berechnender, einseitiger Dominanz braucht es jetzt ein natural-soziales Zusammenwirken, das mehr ist als die Summe der getrennten Existenzen. Wo die Brutalisierung unseres Umgangs mit Pflanzen, Tieren und Naturräumen nämlich unausweichlich als Dämon der Gewalt im menschlichen Zusammenleben wiederkehrt, als Daseinskampf (Flucht, Verarmung, Klimakatastrophen) aller gegen alle, gilt es, auf koproduktive Symbiosen *»einer gewaltigen Menge interagierender Ökosysteme«* (Lynn Margulis) umzustellen. Und wenn eine relationale Umweltethik vorschlägt, an die Stelle von Ausplünderung besser den tänzerischen Gang des Austauschs zu setzen, berührt sie auch die jetzt geforderte Differenz: die neuerliche Umcodierung (Revolte) der irdischen Lebensräume zu nicht statischen, beeinflussend-beeinflussten, dialogischen Relationen.

So uneingeschränkt auf die Einsicht zu pochen ist, dass jeder Mensch einzig im Mäander – in der Berührung, im Austausch, in der Mit-Teilung des Eigenen und dem Erhalt des Anderen – individuell sein und seine Identität in der Unterscheidung entwerfen kann, so wichtig ist es auch, den Status von Galanterie und Geschenk zu reformieren. Damit will ich sagen: Es gilt die ästhetische Ordnung einer zivilen Umgänglichkeit deutlicher als bisher zu artikulieren. Eine Ordnung also, durch die der reibungsanfällige Alltag deeskaliert werden kann und das gute Leben (*agathós bíos*) in Reichweite kommt. Dabei ist nicht unbedingt entscheidend, ob wir Dinge oder Aufmerksamkeit, Vertrauen, Zeit oder Zuneigung schenken, spannen wir doch mit dem einen wie dem anderen immer einen Bogen des Respekts zum Anderen. Dieser Bogen überwölbt die eigene wie jede andere Selbstbezogenheit. Eigentlich verhält es sich dabei kaum anders wie bei einem mäandernden Gang durch die Straßen Roms, das jedem Dahergelaufenen seinen Reichtum darbietet, gerade weil es zahllose Wendungen des Schicksals miterleben musste. Und jedes »*Grazie*« hüllt unsere Existenz, stromernd zwischen Zeiten und Zonen, hier ins Erstaunen des Beschenkten.

12. Tierzeichen

Der minoischen Schlangengöttin, ans Tageslicht gelangte sie bei Ausgrabungen im Palast von Knossos, begegnete ich zum ersten Mal im Archäologischen Museum in Heráklion. Tage zuvor war mir auf einer Tontafel bereits eine Schlange ins Auge gefallen, die gleichfalls in einem kretischen Museum, in Sitiá, aufbewahrt wird. Auch noch andere Schlangenplastiken, auf die Archäologen in einem Tempel der antiken Stadt Siteia stießen, finden sich dort aufbewahrt. Wenn Tiere zu Zeichen werden, zu Bestandteilen unseres Seelenlebens, nehmen sie die Träume und Albträume der Menschen unweigerlich auf sich, werden sie als eine Art Lastschrift lesbar, worauf Teile der Menschheit einen Teil ihrer Schulden übertragen.

In dieser Übertragung liegt im Wesentlichen der Grund dafür, weshalb die Geschichte einige denkwürdige Momente kennt, in denen Traum und Albtraum aufeinandertreffen. Zu einer solchen Kollision kam es, als Israeliten bei ihrer Rückkehr aus Babylon im sechsten vorchristlichen Jahrhundert auf das kultisch verehrte Tier der Kanaaniter trafen, die Schlange. Hier wird man den

Anstoß vermuten dürfen, der schließlich dazu führte, dass die Schlange in einer folgenschweren Ursprungserzählung von Zivilisation, der jüdischen Genesis, im problematischen narrativen Geflecht von Verführung und Sexualität auftritt. Wo in anderen fundierenden Geschichten wie dem Gilgameschepos die Tiere omnipräsent sind, werden sie in den biblischen Texten zum Verschwinden gebracht. Eine symbolische Auslöschung. Es überlebt allein die Schlange. Warum ist das so?

Dazu müssen wir uns zunächst vor Augen halten, auch die Israeliten hatten über lange Zeit hinweg eine von Schlangenattributen gekennzeichnete Göttin verehrt, Aschera, die in etlichen Zeugnissen als Gefährtin Jahwes (JHWH) benannt wird. Doch das änderte sich während der Jahrzehnte im babylonischen Exil, wo die Priesterschaft die weibliche Seite des Gottesglaubens, den Aschera-Kult, theologisch radikal beseitigte. Als jener Teil der Israeliten, der sich auf den Weg der Rückkehr machte, um den Tempel in Jerusalem wieder aufzubauen, auf seinem Zug zurück ins Herkunftsland der kanaanitischen Religion mit ihrem Schlangenzeichen begegnete, wurde das an die eigene, abgespaltene Vergangenheit erinnernde Symbol – eine bedeutende weibliche Kulturwurzel – in sein Gegenteil gewendet, ins Böse. Damit entgleitet das schlangenhaft Animalische aus den vormaligen Sakralräumen ins Negative und oftmals Unbewusste, das in Abscheu und Phobien seine dunklen Energien entfaltet, um gleichzeitig das Gegenteil, die nicht gewundene Welt, intuitiv in ein leuchtendes Licht zu rücken.

So ungefähr lässt sich die Geschichte in wenigen Sätzen rekonstruieren. Ein klassischer Vorgang der Abwendung und Verübelung. Ihr impulsiver Sinn liegt ersichtlich darin, die Grenze zum Fremden scharf zu ziehen, mit dem Ziel, die unmittelbare Gefahr der Verschmelzung mit einer fremden Kultur oder den Rückfall auf eine vermeintlich überwundene Stufe der eigenen Kultur zu bannen. Den Mäander gegenseitiger kultureller Reibungen und Beeinflussungen galt es zu dämonisieren und eine Anti-Schlangen-Politik durchzusetzen. Das heilige Bildzeichen der Schlange durfte jedenfalls von den Israeliten keinesfalls (re-)assimiliert werden, damit der Glaube an den unwandelbaren, einzigen Gott des israelitischen Volks, den bild- und gesichtslosen Jahwe, das einzigartige theologische Mitbringsel der Repatriierten, aufrechterhalten werden konnte. Am Ende ist es dieser Diskriminierung geschuldet, warum die Schlange, die weibliche Gottheit, so leidenschaftlich in den Bezirk des Verderblichen und Finsteren abgedrängt wurde. Seither ist sie gezwungen, sich durch die Ikonografien des Häretischen, Gottesfernen und der Sündenverfallenheit zu winden.

Die Gegenfigur: Die minoische Göttin von Knossos, deren Arme, ja, deren ganzer Leib von Schlangen umwunden sind, ist eine Pótnia Therōn, eine Göttin der Tiere, eine Göttin der Natur, die man sich offenbar als etwas Gewundenes, Geschwungenes vorstellte. Sie wirft ein scharfes Licht auf die damit verknüpfte, bis heute folgenreiche metaphysische Antithese zum jüdisch-christlichen Gott, der nie ein Gott der Tiere gewesen ist. Ganz im Gegenteil versammelt unter seiner Herrschaft das Tierische alles Niedrige und Triebhafte in sich. Nur ein einziges animalisches Lebewesen konnte es unter diesen Vorzeichen zur Prominenz bringen, zum Ruhm des Teuflischen.

Alles Verderbliche, liest man bei Thomas Morus, dränge sich als »*eine höllische Schlange, in die Herzen der Menschen ein*«. Als Personifikation des Neids umwindet bei Giotto – in einer der Fresken der Scrovegni-Kapelle – eine Schlange das menschliche Haupt. Der Teufel »*verstellet sich in eine schlang, zu schrecken unnd zu tödten*«, fasst Luther in seinen Tischreden den Spuk prägnant zusammen. Und die allegorische Maschine liefert Thomas Müntzer darüber hinaus schließlich ein Bild dafür, wie das satanische Tier längst den Körper der ganzen Kirche umwindet: »*Man sieht jetzt hübsch, wie sich die Aale und Schlangen zusammen verunkeuschen auf einem Haufen. Die Pfaffen und alle bösen Geistlichen sind Schlan-*

gen, und die weltlichen Herrn und Regenten sind Aale«.

In der *serpens averni*, der höllischen Schlange, begleitet das jüdisch-christliche Europa die Magie des Gewundenen. Gegenbilder existieren durchaus, beispielsweise im orphischen Urgott Phanes, der sich der Schlange genauso verbunden zeigt wie die griechische Gottheit Aion, in der man die Lebenszeit personifiziert. Überhaupt gehört das sich durch die Welt schlängelnde Reptil innerhalb des hellenistischen Traditionsstroms nicht dem Symbolkreis des Bösen an. Man trifft es regelmäßig in Sakralbezirken an, nicht selten als Begleiter von Göttern. Die olympische Göttin Demeter, zuständig für gute Ernteerträge und das Gedeihen menschlicher Verhältnisse, sitzt, eingehüllt in ein reich gefaltetes Gewand, während der Eleusinischen Mysterien, auf einer Kiste, der *cista mystica,* um die sich eine Schlange windet. Jeder, so berichten Reliefdarstellungen, der in den Kult der Göttin eingeführt werden und dem Kreis der Mysten zugehören möchte, muss das heilige Tier berühren. Der Schlangenkontakt eröffnet den Zugang zu einem Leben, das über das irdische hinausreicht. Und im Kultort des Medizingottes Äskulap, in Epídauros, werden Schlangen als Heilsüberträger besonders in jenem Tempel gehalten und umsorgt, worin die dorthin pilgernden Kranken die Nacht zu verbringen haben. Dieser Zusammenhang gilt als derart bedeutsam, dass Ovid, um die Schlange als heilende Kraft nicht zu verlieren und sie auf die neue Macht des Römischen Reichs übertragen zu können, Äskulap in seinen *Metamorphosen* in *»Schlangengestalt«* nach Rom, *»dem Haupte der Welt«*, emigrieren lässt.

Ein letztes Beispiel sei noch erwähnt, weil sich eine besondere Bewandtnis damit verbindet, insofern die Schlange uns hier im rhythmisierten Raum des Tanzes begegnet. Eine attische Amphore zeigt Dionysos vor einem geheimnisvoll dunklen Hintergrund: Er befindet sich in Begleitung einiger Bacchantinnen, und wenn sie ihre geschwungenen Thyrsosstäbe halten, sieht es aus, als hielten sie die Linie der Anmut selbst in Händen, an deren Seite sich grazil eine Schlange windet. Das Mäanderspiel der ikonografischen Flexionen ist damit aber nicht erschöpft, schlängeln sich durch die Hand von Dionysos doch zusätzlich prachtvolle Weinreben. Alles, so hat man den Eindruck, ist in dieser Szene in Schwingung, was das unmittelbare Gefühl eines aus der erschwerten Existenz umgestimmten und nun plötzlich leichten und entlasteten Lebens hervorruft. Durch die ganze Natur hindurch zieht sich erkennbar eine Mäanderbewegung, und das Leben kann sich darum getrost dem Augenblick zukehren, eine heitere Wendung nehmen. Statt einem Schlangen-Dämon begegnet man der Revolte des dionysischen

Swing. In der Tat blickt uns aus dem schwarzen Raum dieser Vase, der wie das Universum selbst wirkt, ein anmutiger Gott entgegen.

Die Perversion des Schlangensymbols vom Göttlichen zum Teuflischen, von der Heilkraft zum Verderblichen und von der schwingenden, maternalen Mäander-Natur zum windigen Animal nimmt über die Jahrhunderte die westliche Welt fest in ihren Griff, und zwar sowohl deren religiöse Vorstellungswelt als auch ihre psychische Innenwelt, wie sich zeigt, wenn Sigmund Freuds *Traumdeutung* zufolge »*das bedeutsamste Symbol des männlichen Gliedes*« »*die Schlange*« ist. Macht der Metaphysik und des kulturellen Über-Ichs: Das lustbetonte Fleisch ist das sich windende Fleisch ist das obszöne Fleisch. Die Schlange, klärt Carl Gustav Jung in den *Schwarzen Büchern* den Sachverhalt weiter auf, ist nicht das Andere, das man nicht selbst ist, sondern das Selbst, das man ist. »*Mephistopheles ist Satan, angetan mit meiner Schlangenhaftigkeit*«. Das Schlangenhabitat unserer Psyche ist nahezu identisch mit dem westlichen Bildprogramm des Krankhaften und Verderblichen.

Unter den kulturellen Imaginationen des Animalischen stellt die Schlange einen besonders prominenten Fall dar. Denn die kulturgeschichtlichen Momente in der Umwertung des mäandernden Tiers zur Unwertigkeit fügen sich zur narrativen

Evidenz zusammen, in der sich offenbart, dass die Schlange nicht einfach profan geworden ist, vielmehr ist sie dämonisch, unheilig, verfemt. Aus den Bereichen des Lichts, der Vernunft, der Geraden abgedrängt, lässt sich der Bezirk der Schlange fortan nicht anders als in der psychischen Form von Angst und Abscheu erfahren. Das vormals Heilige und Weihevolle erscheint, wie bei anderen Vorgängen der Tabuisierung, nun »*unheimlich, gefährlich, verboten, unrein*« (Sigmund Freud). Als solches muss es verständlicherweise abgewehrt und zu den niederen Elementen von Laster, Schmutz und Laszivität verdrängt werden. Der unreine Motivkomplex der Schlange wird zum verfemten Teil der Kultur, und es bedarf außergewöhnlicher Versuche, beispielsweise in einer Kunst der Abject Art, um das einstmals Heilige und nun zutiefst Befremdende neu zu assimilieren.

Nicht mehr von einer sakralen, heilenden Aura umgeben löst das sich schlängelnde Animal die psychische und moralische Panik von Perversion aus. Perversionen sind indessen selbst krumme Geschichten. Deshalb spricht auch überhaupt nichts dagegen, sie aufs Neue zu pervertieren und in eine andere Richtung zu wenden. »*Aus dem Reinen kann man Unreines machen; und umgekehrt. In der Möglichkeit dieser Umwandlungen besteht die Zweideutigkeit des Heiligen.*« (Emil Durkheim) Capricen dieser Art kennt die Sozial- und Kulturgeschichte zuhauf, wenn einzelne Abweichungen von der Normalität allmählich selbst in den Normalfall überführt werden. Schlangen werden zu Göttern, ohne dass die Götter gleich zu Dämonen herabsinken müssen. Gerade vor dem Hintergrund heutiger Naturzerstörung und erneuter scharfer politischer Abgrenzungen müsste uns die Frage umtreiben, aus welchen Beweggründen die heiligen, heilenden und heiteren Bilder des Mäanders preisgegeben wurden? Warum erschien das glückliche Zeichen der Schlange derart unerträglich, und weshalb der Gedanke so abwegig, das beschwingte und anmutig sich wendende Leben wäre Gott nahe? Schließlich könnten wir uns fragen, aus welchen Gründen die metrischen Variationen einer dynamisch fließenden *natureculture* für die infame Inflexibilität der linearen, fortschrittssüchtigen Planvorgaben einer sich modern nennenden Zivilisation preisgegeben wurden?

13. Die Dreifaltigkeit des Nils

Am 20. Januar 1907, Rilke befindet sich auf Einladung von Alice Faehndrich auf Capri in der Villa Discopoli, setzt der Schriftsteller eine Antwort auf einen Brief seiner Frau Clara auf. Clara hält sich, nachdem Rilke ihre Ehe zu einem Freundschaftsverhältnis umgewendet hat, zu dieser Zeit für mehrere Monate in Ägypten auf, im Hotel des Barons und der Baronin Knoop.

> *Ich habe mir den großen Andree herübergeholt und vertiefe mich in dieses merkwürdig einheitliche Blatt; ich bewundere den Verlauf dieser Stromlinie, die, ansteigend wie ein Rodinscher Kontur, eine Fülle abgewandelter Bewegtheit enthält, Ausweichungen und Wendungen wie eine Schädelnaht, Millionen kleiner Gebärden, mit denen sie sich nach rechts und nach links wendet, wie jemand, der austeilend durch eine Menge geht und da noch jemanden sieht und dort noch einen, der seiner bedarf, und nur langsam vorwärtskommt –.*

Wenn Rainer sich in den damals gängigen Atlas von Richard Andree vertieft, handelt es sich vielleicht um eine Annäherungsbemühung an jenen Ort, wo Clara ist, wobei der Nil in Rilkes Brief ohne Namen bleibt. Was verständlich ist, geht es doch nicht um ein bestimmtes Fließgewässer. Es kommt allein auf die Gestalt an, die mit ähnlichen Gestalten assoziiert wird. Rilkes Bewunderung für den »*Verlauf dieser Stromlinie*« entspringt Analogien, die den Fluss auffalten: in »*Rodinsche Kontur*«, »*Schädelnaht*« und »*jemand, der austeilend durch eine Menge geht*«. Die Dreifaltigkeit des Nils.

Die erste Falte: Rodins »*Kontur*« ergebe sich, schreibt Rilke an anderer Stelle, durch in die Luft gehaltene Flächen und dabei wischt er mit dem genialen Handstreich einer rein sachlichen Beschreibung, ähnlich einer physikalischen Formel, sämtliche kunstakademischen Debatten der Zeit beiseite. Wie bei tomografischen Bildern, so stellt er es sich *avant la technologie* vor, könnten bei Rodins plastischen Körpern die Linien jeder der hauchzarten Ebenen beobachtet werden. Nur durch dieses analytische Schichtverfahren lasse sich nämlich erkennen, dass »*über den Leibern immer Wechsel und Wellenschlag*« sei, dass sie sich fortwährend in »*Wendungen und Gegenwendungen*« bewegten. Wenn Rilkes Diagnoseverfahren hier die charakteristischen Eigenschaften mäandernder Fließsysteme entdeckt, nimmt es nicht wunder, dass sein Blick zuletzt ganz automatisch auf die energetische Expressivität der Oberflächen fällt, »*deren Gefälle so vielfach abgewandelt ist, daß es dort langsam fließt und dort stürzt, bald seicht und bald tief erscheint, spiegelnd oder matt*«. Es ist, als hätte ihm da, vier Jahre vor seinem ins ägyptische Helwan adressierten Brief, schon jener Flussverlauf vor Augen gestanden, der ihm wie eine »*Linie, die das Schicksal gezogen hat*«, vorkommt. Und ihn überkommt dabei das Gefühl, aus der Berührung der Mäanderlinie mit ihrer Umgebung entstehe als »*letzter leisester Kontur schwingende Luft*«. Vibrierende, gestimmte Atmosphäre. Hölderlins »*Stromgeist*« ist da nicht weit, der dionysische Kosmos.

Die zweite Falte: 1889, in der dritten, Rilke vorliegenden Auflage, wurde die Karte Ägyptens im Andree revidiert. Der dort gewählte Maßstab von 1:5 000 000 ließ nahezu siebentausend Flusskilometer auf Handbuchformat zusammenschnurren. Diese extrem gestauchte Proportion bringt eine fast zackige Linie hervor, die bei Rilke eine weitere Erinnerung wachruft.

Rilke war, wie er in »*Ur-Geräusch*«, verfasst im Jahr nach dem Ersten Weltkrieg, detailliert schildert, seit Schulzeiten mit der damals noch einigermaßen neuen Technik der phonografischen Aufzeichnung von Schallwellen in bestimmten

Trägermedien vertraut. Jahre später, während eines Anatomiekurses an der Pariser École des Beaux Arts, beim Anblick eines Totenschädels mit seinen seltsamen Suturen, kommt ihm plötzlich die Idee, die Abnehmernadel – damals alternativ eine Schweinsborste – über die Kronen-Naht der Kalotte wie über die Rille einer Grammofonplatte – alternativ eine Wachswalze – laufen zu lassen. Mit dieser offensichtlich morbiden Fantasie beginnt Rilke ein verstörendes Spiel zwischen Spuren und Zeichen, Frequenzen und Symbolen. Denn was ist es, was da in menschlichen Schädelnähten eingraviert und aufgezeichnet ist, ähnlich »*Tonwellen auf die empfängliche Oberfläche*«? Was würde unter der Abnehmernadel eigentlich hörbar, welche Sprache ohne Sprecher? Geschriebenes ohne Schreiber: die Sprache der Natur, die Schrift Gottes?

Fragen, deren spekulative Reichweite man ahnt. Sie rühren an die Grenze von Sinn und Chaos, Gott und Nichts. Es überrascht darum auch nicht im Geringsten, wenn die »*Ähnlichkeit mit der dicht gewundenen Linie*«, der Tonrille, Rilke zu weiteren Forschungsideen anregt: »*[W]as für irgendwo vorkommende Linien möchte man da nicht unterschieben und auf die Probe stellen?*« Die am Nächsten liegende war Rilke in seinem Brief an Clara bei der Betrachtung des Andree ins Auge gesprungen: die Ähnlichkeit von Nil-Linie und Schädelnaht.

Bei sachgemäßer Durchführung des Experiments könnte sich der Fluss auf ganz neue Weise als ein Medium herausstellen. Nämlich in dem exakten Sinn eines analogen Mediums, dessen Spur in der Landschaft – ähnlich dem »*Ur-Geräusch*« – zum abtastbaren Tonzeichen wird, zum Ur-Strom. Mit diesem sehr sonderbaren Ur-Strom ist es mit einem Mal nicht mehr unvorstellbar, dass aus den Verläufen der Flüsse im medientechnischen Zugriff eine Art Wassermusik erklingt. Denkbar ist allerdings auch, wir bekämen dabei etwas zu Gehör, was leicht auch vom Ufer aus vernehmbar wäre: ein ewiges diffuses Rauschen.

Dritte Falte: Wenn bisher deutlich geworden sein sollte, dass der Flusslauf ein großes Gleichnis transportiert – und »*groß*« ist im »*Weltinnenraum*« Rilkes eine Vorzugsvokabel –, dann drückt sich weit mehr als bloß dichterische Intuition darin aus, wenn der Strom erscheint »*wie jemand, der austeilend durch eine Menge geht und da noch jemanden sieht und dort noch einen, der seiner bedarf, und nur langsam vorwärtskommt*«. Diese Form aktiver Anmut ist uns bereits als die Verbindung von gewundener Linie und Gabe, die bis zur Verausgabung reichen kann, begegnet.

Jeder Fluss, der mäandert, weist »*über die Grenzen des Dinges*« hinaus, ganz so wie das die barocke Falte oder die rodinsche »*Kontur*« tun. »*Das Innere, das diese Zeit ausmacht, ist ohne Form, unfaß-*

bar: es fließt«. Das Gleiche des Anderen, die identische Nichtidentität, ist alles, was für Rilke den metaphysisch abgekoppelten Raum am Ende noch zusammenhält – soweit es Kunst betrifft, in Skulptur und Gedicht. Was die Natur angeht, im Wissen um mäandernde Strömungen. »*Zum ersten Mal*«, vertraut er Clara an, vier Jahre, bevor ihn eine mehrwöchige Reise auf dem Luxusdampfer Ramses the Great endlich von Kairo stromaufwärts zur Nil-Insel Philae bringen wird,

> *zum ersten Mal fühle ich einen Fluß so, so wesenhaft, so bis an den Rand der Personifikation heran wirklich, so als ob er ein Schicksal hätte, eine dunkle Geburt und einen großen, ausgebreiteten Tod, und zwischen beiden ein Leben, ein langes, ungeheures, fürstliches Leben, das allen, die in seiner Nähe waren, zu tun gab, jahrtausendelang; so groß war es, so anspruchsvoll, so wenig zu bewältigen.*

14. Rumoren der Fehler

Am Anfang ist die Schlange. In der Schlange stößt man auf die zwiespältige Einschreibung von Natur und Kultur. Sie ist, schon im Moment des Sündenfalls, ein Schwellenwesen, höchst alert im Kreuzen der Seiten von Wildnis und Zivilisation, Göttlichem und Irdischem, Leidenschaft und Vernunft. Die von der Schlange symbolisierte Verfehlung, der Urfehler schlechthin, besteht in der zivilisatorischen Wende vom urwüchsigen »*Baum des Lebens*« zum kulturellen »*Baum der Erkenntnis*«. Wer erkennt, ist nicht zugleich wissend, doch bewegt ihn zweierlei: Er weiß immer besser Bescheid um sein Unwissen, und er wird getrieben vom Wunsch nach immer mehr Wissen. Das macht ihn zum Versucher, der mit einer Geschichte von Kehren und Kurven durch die Jahrtausende seines Erkennens schlingert. Vergleichbar einem musikalischen Vibrato, das als Wellenlinie notiert wird, kann man auch menschliches Erkennen, wenn nicht in gleichmäßiger Wellenfrequenz, so doch als unregelmäßig geschwungene Figur aufzeichnen.

Fehler ergeben sich aus Fehlendem. Fehlenden Kenntnissen, einem mangelhaften Überblick, unzureichenden Fähigkeiten, mangelnder Konzentration oder Selbstkontrolle. Der universelle Experimentalist, der Mensch, ist das unverbesserlich fehlerhafte Tier. Diese Einschätzung besitzt eine lange Geschichte. Dass der Mensch ein Mangelwesen ist, weiß man nicht erst seit Arnold Gehlen. Bereits Augustinus dachte in diese Richtung, wenn er jedes Individuum als ein unvollkommenes, vielleicht sogar von Gott verfehltes Wesen beschreibt. Der Mensch ist allein als eine Form der Depotenzierung zu begreifen. Augustinus verwendet zwei unterschiedliche Begriffe für diesen Gedanken: *privatio* und *corruptio*. Demzufolge hat man den Menschen als das von Grund auf korrupte, dem Fleisch verhaftete Tier zu betrachten. Sein Verbesserungs- und Glücksstreben – unaustilgbar gepaart mit seinem Böseseinkönnen – bedeutet: Korruptionsbekämpfung.

Versucher aus Mangel ist er allerdings auf eine so einzigartige Weise, dass er sich dadurch zur evolutionären Ausnahme entwickeln kann. Zwar liegt es nicht an der Fehlbarkeit, was den Homo sapiens vor anderen Lebewesen auszeichnet – dass er seine Fehlbarkeit dazu nutzt, einen emanzipatorischen Prozess einzuleiten, jedoch schon. Das Defizit, das zum Vorschein kommt, wo etwas fehlschlägt, danebengeht und die Dinge irgendwie falsch laufen, hat zum biologischen Sonderweg geführt. Es hat den menschlichen Wissensdrang und Erkenntniswillen angestachelt, woraus in der westlichen Neuzeit ein methodischer Zweifel am Wissen resultiert, den niemand so rigoros auf die Spitze getrieben hat wie René Descartes. Unter der verführerischen Täuschung des Nicht-sicher-Wissens krankt sogar noch die letzte Sicherheit, dass ich existiere. Alles Vorstellbare und Denkbare verfällt letztlich dem Scheinwissen, außer dass ich es bin, der dieses Scheinwissen denkt.

Descartes Zweifel hat eine Wissenschaft verinnerlicht, die aus jenem versierten Fehlersuchsystem besteht, Annahmen und Theorien mit einer methodisch überprüfbaren Empirie zu konfrontieren. Das unterscheidet Systeme des Wissens von solchen der Wahrheit. Streng genommen gibt es in Systemen der Wahrheit, wie es politische Ideologien und Religionen immer, psychologische oder ökonomische Schulen manchmal sind, keinen Irrtum. Wer religiös glaubt oder einer Ideologie anhängt, kann nicht irren, er kann höchstens vom Glauben abfallen oder seine Überzeugungen ändern. Doch auch Häresien sind fehlerresistent.

Neben der Provokation produktiver Fehler, wie sie Systeme des Wissens wie die Wissenschaft betreiben, gibt es selbstverständlich auch unproduktive Fehler. Meist sind sie Teil des Alltags und oft Ausdruck unseres Verhältnisses zur Zeit, denn sie gehen aus einem beschleunigten Umgang mit den Dingen oder anderen Menschen hervor.

Wenn man dabei einen Kontrollverlust erlebt, dann aufgrund der Tatsache, dass man bei derartigen Erlebnissen einem Phänomen der Flüchtigkeit begegnet, dem Versehen. Wo die Zeit für das, was wir tun oder wahrnehmen wollen, fehlt, schwindet die Aufmerksamkeit für das Hier und Jetzt, und es entstehen Flüchtigkeitsfehler. In aller Regel sind sie belanglos, im schlimmsten Fall haben sie jedoch katastrophale Auswirkungen.

Fehlervermeidung ist im normalen Leben so wünschenswert, wie Fehlertoleranz im Fall von Forschung und Versuch gängig ist, denn das Nichtwissen, das die Forschung bewegt, lässt auch das Wissen nicht los, das die Wissenschaft sich erworben zu haben meint. Die Bewegungsform wissensgetriebener Gesellschaften kommt aus diesen Schleifen nicht heraus, die unsere Annahmen über die Welt von Zeit zu Zeit in andere Richtungen lenken. Der Drang nach Wissen schätzt das Rumoren der Fehler. Denn Wissen ist nichts anderes als eine in unserem Bewusstsein schlummernde, ungestörte Verstörung, die durch Fehler und Irrtümer aufgeweckt und ans Licht gebracht werden muss.

In Francis Ponges Buch Schreib*praktiken oder die stetige Unfertigkeit* finden sich unter dem Datum vom 15. Januar 1954 einige denkwürdige Sätze. Ponge schreibt da, wir Menschen seien allesamt Geschöpfe von Macht, nämlich einer Macht, die sich irrt. Und er fährt fort: »*Letzten Endes* sind *wir eigentlich (oder ehrlich gesagt) diese Irrtümer. Wie verdorbene Kinder. Aber hat das nicht auch seine* Schönheit? *Wenn* Schönheit *etwas ist, wenn* Schönheit *etwas bedeutet, wäre es nicht gerade dies?*« Weitergedacht bestünde die größte Schönheit dann letztlich in der »*unbegrenzten Fähigkeit zum Irrtum*«, zur Fehlerhaftigkeit und zum Scheitern. Und somit wäre das von uns hervorgebrachte »Fehler-*Quantum genau das was man* Leben *oder* Existenz *nennt*«.

Aus dieser ungewöhnlichen Überlegung ergibt sich ein beachtenswerter Gedanke: Wäre es dem mäandernden Leben nicht eigentlich angemessen, in seiner Eigenart als Prozessfigur charakterisiert zu werden, nämlich nicht nur räumlich, sondern auch zeitlich bipolar zu sein. Es trägt seine Zukunft schon in sich, die Wahrscheinlichkeiten und Unwahrscheinlichkeiten seiner Entwicklung, die aus einer komplexen und letztlich unberechenbaren Wechselseitigkeit hervorgehen. Seine Identität ist der Übergang, ein Transit, der gleichermaßen in seinem Gewordensein wie in seinem Werden besteht. Dabei berühren sich beide Dimensionen in einem Moment der Zeit, der aus sich selbst unablässig vertrieben wird. Diese Vertreibung aus dem Paradies der dauerhaften, haltbaren Selbstgewissheit, verstößt die mäandernde Natur oder Individualität in eine hochgradig ambivalente

Freiheit der Devianz. Wir sind, was wir waren, und wir sind, was wir werden.

Jeder Einzelne von uns formt sich verändernd-verändert durch vielfältige Einflüsse und Strömungen. Vielleicht gelingt es, diese Ströme, die in Gefühlen, Wahrnehmungen und Handlungen weiterfließen, in einem gewissen Maß zu lenken und gegebenenfalls einzudämmen, sich davon vollständig abschließen kann man sich nicht. Wenn der Mäander des Lebens also in einer temporalen Doppelbewegung besteht, der Zukunft nur zugewandt sein zu können, indem man sich der Vergangenheit zuwendet, lässt sich nichts Zukünftiges entwerfen, ohne dass man sich dabei zurückgeworfen weiß auf das, was gewesen ist, einschließlich des »Fehler-*Quantums*«. Wie ein fallender Faden, der fällt, weil er ein Verhältnis zum Bewusstsein hat, das nicht das Bewusstsein eines Künstlers zu sein braucht, wird die gelebte und entwickelte Zeit zu dem, was der Fall ist, weil in ihr die fortwährende Wendung zwischen Vergangenheit und Zukunft, Misslingen und Gelingen vollzogen wird. Leben in der Geschichte bedeutet nichts anderes als die Entscheidung zu prozessieren, in der oszillierenden Kurve von einstigem Scheitern und neuerlichem, kognitiv verändertem Versuch zu existieren, im Mäandergebiet von dem, was war, und dem, was sein wird, von Leben und Tod. Und es ist zweifellos der Tod, der die größte, unwiderstehlichste Ablenkung ist. In der Epik des Fluiden strömt jeder Fluss aus dem, was er durchströmte, um auf den Strom zuzufließen, der er sein wird, wobei er diesen Moment an jeder Stelle seines Laufs wiederholt und vergegenwärtigt.

Individuen und Gesellschaften, die Fehler machen und insofern Irrläufer und Verunglückte sind, zeichnen der Zeit Arabesken einer Verfehlung ein, in denen sich Wende an Wende reiht und aufschreibt. Umwege, Fehlgehen und Schlingern – wir können eine Artistik der existenziellen Flexion daraus ablesen. Unfehlbarkeit kommt, egal wie dogmatisch das von Glaubensinstitutionen behauptet werden mag, in der Raum-Zeit von Lebewesen nicht vor. Der schlingernde Mensch ist evolutionär darauf angewiesen, nichts unversucht zu lassen und die Geschichte als jenen fehlerbehafteten Essay der Zeit zu begreifen, bei dem er sich im Wechselspiel mit seiner Umwelt selbst verändert. »*Die Wirklichkeit ist ein Leib aus Mäandern und das Leben stößt an jeder Windung an*« (Édouard Glissant). Die Flusserfahrenen rechnen jederzeit mit einer Verwirbelung und Krümmung scheinbar glatter Strömungen. Frei fließenden und daher mäandernden Bewegungen kann ihre Offenheit und Ungewissheit nicht ausgetrieben werden.

15. Schwimmende Stadt

»Ich ehre den Fluss«, berichtet Stéphane Mallarmé von seinen *»Fluchtversuchen«* vor den *»alltäglichen Verdrießlichkeiten«*, die ihn, außerhalb von Paris, *»an die Ufer der Seine«* führen. *»Hier komme ich mir wie verwandelt vor, ergriffen allein von der Flussbefahrung.«*

Lange vor Rilke und Mallarmé werden Flussbefahrungen – wie sonst nur die bürgerliche Italienreise – zur bevorzugten ästhetischen Form von Welterkundung und Selbsterfahrung. *»Die Donaufahrt äußerst wild und anmutig«*, notiert der Dichter August von Platen am 16. September 1820 in sein Tagebuch. Ob bei Graf Platen oder Joseph von Eichendorff, bei dem englischen Musikforscher Charles Burney oder dem politischen Schriftsteller Ernst Moritz Arndt, *»wild und anmutig«*, diese beiden Signalwörter, beschreibt die extreme Gespanntheit der Epochenstimmung. *»Der große Strom«*, teilt Arndt von seiner Donaufahrt mit, wirke *»bis ins Innerste der Seele«*.

Ungezwungene Naturwüchsigkeit und sich verströmendes Leben. Fluide Falten und gegensätzliche Kräfte. Man fühlt sich ein in eine gespannte, mäanderaffine Vitalität. Die Seele auf dem Fluss – oder im Fluss – setzt sich neuen dramatischen Möglichkeiten aus, hin und her bewegt zwischen Schrecklichem und Schroffem, Ungezähmtheit und Anmut, tödlichem Wirbel und strömender Schönheit, melancholischer Innigkeit und überspanntem Abenteurerherz. In Wahrheit sind es die Krisenreaktionskräfte einer fehlgehenden Moderne, die sich darin äußern.

»Bogen«, *»Strudel und Wirbel und ihre Umgebungen«*. *»Romantische Lage«* lautet Platens Kurzformel dafür. In jener sowohl die reale äußerliche Flussgegebenheit wie auch das seelische Innenleben betreffenden, keineswegs gefahrlosen Lage reift das Wissen um die Turbulenzen und Unterströmungen einer Zivilisation, die zwar unabänderlich ein Teil der Natur bleibt, jedoch mit aller ihr zur Verfügung stehenden Kraft und mittels technischer Herrschafts- und Funktionskultur danach strebt, die Kontrolle über eine verschlungene Natur und den Schlingerkurs der Geschichte zu erlangen.

In bestimmten Fällen führt das zu melancholischem Geschichtspessimismus, andere ziehen sich biedermeierlich ins Private eines kleinen Glücks zurück. Doch einigen eröffnen sich auch neuartige Aussichten, denn *»durch Krümmungen des Stroms bilden die Ufer öfters ein Amphitheater«*. Und was sich den zeitgenössischen Blicken hier und da an Dramatik offenbart, lässt die verwegene Hoffnung keimen, in naher Zukunft könnte eine ungezwungene, unbeherrschte Bewegung des umwälzenden gesellschaftlichen Stroms entstehen. Unter der Theatralik romantischer Naturbeschreibung regt sich eine Politik des Mäanders, die manchmal, wie im Fall von Hölderlin, bloß eine vage Hoffnung auf die Weisheit der Ströme ist. So ähnlich wie sich heute in den Bemühungen, Flüssen und Flussgebieten einen rechtlichen Schutzstatus als Person zu verleihen, symbolisch und real eine politische Ökologie formiert.

Aber kehren wir von der Donau an die Seine zurück, wo das Strömen nun zum Versuch am Leitmedium der Neuzeit wird, als gälte es, ein neues Paradigma zu erschaffen. Dort unternimmt Mallarmé das radikalste Experiment der Verflüssigung von Literatur: das liquide (oder liquidierte) Buch. Sein »*Livre*« nämlich denkt und dichtet er als »*schwimmende Stadt*«. Mit ihr sollen alle Gattungszwänge mitsamt ihren inhaltlichen und stilistischen Festlegungen ins Fließen gebracht werden. Die Zeit des Festen, und für Literatur heißt das: der auf Papier fixierten Wörter und Bedeutungen, scheint für Mallarmé vorbei zu sein. Eine fluide Zeit verlangt nach antistatischen, antiklassischen, neomedialen Formen. Also beginnt er, an einer dichterischen Technik zu tüfteln, bei der sich Raum und Text gegenseitig mobilisieren und durchdringen.

Das bedeutet dreißig Jahre Arbeit an etwas, *»das idealerweise nicht noch das Buch ist«*. Am Ende bleibt ein Konvolut von zweihundertachtundfünfzig Blättern. Doch den Fluss der Sprache zu befahren, erfordert eben die abenteuerliche Bereitschaft, das Buch jenseits des Buchs als ein offenes, strömendes System zu entwerfen. Es verlangt die typografische Auflösung der sequenziellen Sprachzeichen, die Rückgewinnung der Stimme und ihrer Raumakustik, die Realisation der Sprachpartitur in sogenannten *»Sitzungen«* mehrerer Sprecher, die räumliche Anordnung und zufallsverteilte Organisation des Textes, die unendliche Kombinatorik, strukturelle Mobilität und Simultanität. Die Revolution einer *»schwimmenden Stadt«*.

Der Wahlspruch von Paris, *»Fluctuat nec mergitur«*, zeugt buchstäblich von dem Wissen, dass hin und her zu fließen vor dem Untergehen bewahren kann. Im unabschließbaren, unkontrollierbaren Fluss der Stadt erlangt Mallarmé, dieser erklärte *»Parisien«*, nicht allein für die Literatur das lange abgedrängte kulturelle Wissen um mäandernde, situationsoffene Bedeutungssysteme zurück. Den Fluss zu ehren, kann die Chancen schöpferischen Handelns unter fluiden Bedingungen offenlegen. Dieses Fluxus-Ethos erkennt im geschwungenen Fließen seinen geschichtlichen Taktgeber und Weltdesigner. Denn: *»Jede Flucht nach vorn kehrt zurück als Fluss«*.

16. Das Geheimnis des weitesten Wegs

Anfang 1960, im gleichen Jahr, als nach aufreibenden Arbeitsjahren das Buch *Masse und Macht* – »*Diese Geschichte, die hauptsächlich aus teuflischen Grausamkeiten besteht*« – endlich veröffentlicht werden kann, notiert Elias Canetti einige Sätze zu Montaigne, dessen *Essais* ihn zu dieser Zeit beschäftigen. Was, vermerkt Canetti, an ihnen so besonders beachtenswert sei, beruhe auf der eigentümlichen Art und Weise, wie jene Essays sich in der Behandlung ihrer Themen Zeit ließen. Jeder einzelne Versuch zeige sich zum geduldigen, genauen, unerregten Gedankengang bereit. In dieser Manier könne den drängendsten und spannungsvollsten Fragestellungen in die eine wie die andere Richtung nachgegangen werden, ohne vorschnelle Schlussfolgerungen zu ziehen, moralisch gerade gezogenen Richtlinien des Denkens zu folgen oder bei Vorurteilen bereits Halt zu machen.

Ob intellektuelles Temperament oder erworbene Disziplin, Canetti erkennt in der leidenschaftlichen Unbeirrbarkeit, jeder, aber auch wirklich jeder Sache die von ihr verlangte Zeit zu geben und dabei keinen Gedanken zu übereilen und keiner Debattenhitzigkeit nachzugeben, die so einzigartige wie unverzichtbare Eigenschaft der geistigen und sittlichen Unabhängigkeit des ersten Essayisten. Dabei müsse diese Bedachtsamkeit, notiert Canetti weiter, wohl auf Montaignes Eigenwilligkeit zurückgeführt werden, sich selbst auch bei den sachgerechtesten Überlegungen keinen Moment aus den Augen zu verlieren. Ein solches Denken behält sich die eigene Subjektivität vor, ohne der selbstvergessenen Illusion von Objektivität und einer universellen Wahrheit zu verfallen.

Sich dies klarzumachen, bedeutet nicht nur, die Reflexion zwischen unterschiedlichen Gesichtspunkten geduldig hin und her zu bewegen. Man erkennt bei diesem gewundenen Verlauf des Denkens, diesem mäandernden »*Gespräch der Seele mit sich selbst*« (Platon), darüber hinaus auch, dass alles, worüber nachzusinnen sich lohnt, immer noch eine zusätzliche subjektive Spiegelfläche besitzt. Darin reflektiert sich selbst, wer den Dingen auf essayistischem Wege nachgeht. Man versteht unschwer, dass sich die Zeit, die bei dieser mäandernden Vernunft aufgewendet werden muss, im Gegensatz zu rationellem, strikt zielführendem Denken vervielfacht. Hinzu kommt: Kein Essay ist wirklich jemals abschließbar, denn es gibt kein eigentliches Ende, keinen Schluss, womit es sein Bewenden hätte. Und genau das ist es, was beim wahren Essayisten letztlich die überlegte, wenn auch vielleicht unzeitgemäße Individualität ausmacht. »*Es gibt ihm eine Art von Freiheit, bei sich zu bleiben.*«

Dieser Grundsatz intellektueller Freiheit, in dem sich tiefe Bewunderung ausspricht, legt, wie sich nicht viel später herausstellen sollte, auf Canetti das Gewicht seiner ganzen schriftstellerischen Herausforderung und seines menschlichen Anspruchs. Als wäre es die unmittelbare Folge seiner Montaigne-Lektüre, macht Canetti sich schon bald erbitterte Vorwürfe, ebenso wie inzwischen alle Welt von der ungeduldigen, hastig vorwärtsstrebenden Zeit gepackt und vereinnahmt zu sein. Schlimm auch, weil damit unweigerlich eine von der eigenen Epoche ausgehende Unterwürfigkeitsforderung einhergeht, nämlich das Hinnehmen jener vermeintlich praktischen Vernunft, den eiligst und direkt zum Ziel führenden Tätigkeiten und der zu diesem Zweck geschaffenen Strukturen nachzukommen. Mit einem Wort: sich der effizienten Lebensökonomie und ihrem Kalkül »*rettungslos gerader Formen*« zu unterwerfen.

Es zeichnet Canettis geistige Unbestechlichkeit aus, sich dieser niederdrückenden Einsicht mit derselben schonungslosen Ehrlichkeit zu stellen, wie er es bei den Fragen von Masse und Macht getan hat. So setzt er sich jetzt der Selbstverdächtigung aus, die eigene Freiheit und innere Unabhängigkeit zumindest teilweise eingebüßt zu haben. Ein Argwohn, der für Canetti zum Verhängnisvollsten gehört, das er sich vorstellen kann: nicht mehr bei sich zu sein! Ein Selbstverlust, der einem geradlinigen, wenig Umstände machenden Denken geschuldet ist. Und dessen selbstzerstörerische Kraft letztendlich darauf beruht, dass eine solche Sinnesart – nämlich die moderne Vernunft – unausweichlich dazu führt, dass man das Wichtigste allen Denkens aus dem Blick verliert: jenes Fremde, Fragwürdige und Unbekannte, mit dessen Andersheit wir uns allein dann vertraut machen können, wenn wir ihm Raum und Zeit lassen. Einer Andersheit, worin sich unsere Eigenheiten als in ihrem Spiegel überhaupt erst wahrnehmen lassen und zu erkennen geben.

In jenem Moment, da Canetti dies begreift, zeichnet sich für sein eigenes Leben der Eklat einer kaum erträglichen Unmenschlichkeit und infamen Blindheit ab. Sie gehört für ihn zur Signatur seines Jahrhunderts. Und das nicht allein deswegen, weil die Andersheit des Anderen dadurch in unerreichbare Ferne und eine furchtbare Unfassbarkeit zu entgleiten droht. Man büßt darüber hinaus auch die eigene Fragwürdigkeit und Selbstfremdheit ein. Die Identität wird zum Fluch. Zur Anmaßung des Ununterschiedenen. Zur Macht, ohne Wechselseitigkeit zu leben. Das macht den tiefen Schmerz begreiflich, mit dem Canetti sich der Tatsache bewusst wird, wie sehr er im Begriff ist, zusammen mit Montaignes Wahrheit des gewundenen Denkens auch das rätselhafte, intrikate Wechselspiel von Ich und Du zu verraten: »*Das Geheimnis des weitesten Weges*«.

Ich denke, Canetti hat damit die schönste Wendung gefunden, durch die der mäandernde Essayismus unseres Lebens jemals beschrieben wurde. Und ich stelle mir vor, was für ein hilfreicher und tröstlicher Zeuge Fernando Pessoa mit seiner »*Archäologie der Gegenwart*« für Canetti hätte sein können, wären damals, 1960, ein Vierteljahrhundert nach dem Tod des Flaneurs von Lissabon, jene fünfundzwanzigtausend in einer Truhe verstauten Blätter (auch ein *Livre*) für eine Leserschaft bereits ans Licht gekommen. »*Wie oft*«, schreibt Pessoa auf einem undatierten Blatt, »*suche ich als mir entsprechende Linie die am wenigsten kurze Verbindung zwischen zwei Punkten, indem ich diese Linie im Geiste für ideal erkläre.*« Pessoa nennt sie die »*fließende Linie*«.

17. Gegenströmung

Tatsächlich war es zuerst bloß der Wind, der unerwartet aufkam, an einem Tag, der bisher nur sich selbst gehört hatte, bevor das Licht, als wäre es Schleifpapier, die Konturen der Häuser und Blätter mit einem Mal schärfte, bis sie völlig verändert aussahen, aus ihrem Hintergrund herausgetrennt. Wie das Parallelogramm einer anderen, früheren Gegend, eines anderen, früheren Flusses mit seinem bleigrauen Wasser. Wir blickten unentwegt nach vorn. In der Gefangenschaft unserer ortlosen Reise warteten wir auf Wind, als befänden wir uns in einem anderen, früheren Jahrhundert auf Meeresfahrt. Wir warteten ungeduldig. Leere Erschöpfung, schlaflose Müdigkeit und eine empfindungslose Aufmerksamkeit überfielen uns. Eine Form von Apathie oder Weltfremdheit, die sich so wenig an den Dingen und an unseren Bewegungen störte, dass sie etwas Vornehmes an sich hatte und einen Zug frivoler Überheblichkeit, der sich gleichwohl an niemanden wandte, sich an nichts kehrte. Eine okkulte Aristokratie der Trostlosigkeit, hätte man denken können. Und es stellte sich heraus, dass wir, um es aufzubewahren, voller Unrast ein anderes, früheres Geheimnis hervorholen und seinen Hohlraum benutzen mussten.

Und dann war es doch bloß der Wind, der von einer zur anderen Sekunde nachließ und überraschend einschlief, nach Jahren, in denen er unablässig am Fleisch unserer Körper und an den Haaren gezerrt hatte, bis wir jenen kalten Rausch verspürten, außer uns zu sein, und wir, da sich auf eine Weise nichts mehr rührte, so als hätte sich alles für immer in sich hineinverkrochen, plötzlich allein mit dem fast ungreifbaren Tag dastanden, wo sich unsere Gesichter zum ersten Mal direkt gegenüberlagen. Wir schüttelten uns, als hätten wir ein nasses Fell. Da sich aber um uns her nichts mehr aufraute, der Wasserspiegel der Flussschlingen zum ersten Mal ohne jede Kräuselung war, blieben auch unsere Gesichter flacher, als wir sie selbst zu kennen glaubten. Erst nachdem sich der Mundwinkel eines von uns minimal verzogen, vielleicht kurz und fast unsichtbar gezuckt hatte, umstellten sich die Lippen aller mit einem abgerundeten, sich langsam schließenden Lächeln. Das jedem ins Gesicht geschriebene Relief jenes Moments wirkte entwaffnend und ließ alle Versuche, irgendeinen Glauben zu erlangen, aussichtslos erscheinen. Und es zeigte sich, dass wir unserem Rausch endlich nach draußen zu folgen hätten, wo wir jetzt, in einem gealterten Licht, auch die Dinge wie Sträflinge auf ihrem mäandernden Zug in eine unabsehbare Abschweifung antreffen würden. Waren wir schon aufgebrochen?

Literatur

Ernst Moritz Arndt, *Ernst Moritz Arndts Reisen durch einen Theil Teutschlands, Ungarns, Italiens und Frankreichs in den Jahren 1798 und 1799. Erster Theil*, Leipzig 1804.

Ulrich Beck, *Risikogesellschaft. Auf dem Weg in eine andere Moderne*, Frankfurt am Main 1986.

Manilo Brusatin, *Geschichte der Linien*, Zürich, Berlin 2003.

Martin Buber, *Das dialogische Prinzip*, Heidelberg 1962.

Georges-Louis Leclerc Conte de Buffon, *Histoire Naturelle, générale et particulière*, Paris 1749–1804.

Jacob Burckhardt, *Werke. Kritische Gesamtausgabe*, Bd. 2 u. 3, München, Basel 2001.

Remo Bodei, *Das Leben der Dinge*, Berlin 2020.

Edmund Burke, *Philosophische Untersuchung über den Ursprung unserer Ideen vom Erhabenen und Schönen*, Hamburg 1989.

Elias Canetti, *Die Provinz des Menschlichen. Aufzeichnungen 1942–1972*, München 1973.

Gilles Deleuze, Claire Parnet, *Dialoge*, Frankfurt am Main 1980.

René Descartes, *Meditationes de Prima Philosophie / Meditationen über die Erste Philosophie*, Stuttgart 2020.

Emil Durkheim, *Die elementaren Formen des religiösen Lebens*, Frankfurt am Main 1994.

Albert Einstein, *Mein Weltbild*, München 2021.
Sigmund Freud, *Totem und Tabu*, Studienausgabe, Bd. 9, Frankfurt am Main 1993.
Ders., *Traumdeutung*, Studienausgabe, Bd. 2, Frankfurt am Main 1972.
Édouard Glissant, *Traktat über die Welt*, Heidelberg 1999.
Andreas Gryphius, *Gesamtausgabe der deutschsprachigen Werke*, Bd. 1, Tübingen 1963.
Byung-Chul Han, *Müdigkeitsgesellschaft*, Berlin 2010.
Georg Philipp Harsdörffer, *Poetischer Trichter*. I–III. Teil, Darmstadt 1975.
William Hogarth, *Analyse der Schönheit, die schwankenden Begriffe von dem Geschmack festzusetzen*, Hamburg 2008.
Alexander von Humboldt, *Die Reise nach Südamerika. Vom Orinoko zum Amazonas*, Göttingen 2002.
François Jullien, *Ein zweites Leben*, Wien 2022.
Carl Gustav Jung, *The Black Books of C. G. Jung (1913–1932)*, New York 2020.
Immanuel Kant, *Kritik der Urteilskraft*, Frankfurt am Main 1974.
Sören Kierkegaard, *Das Tagebuch des Verführers*, in: ders., *Gesammelte Werke*, 1. Abteilung: *Entweder / Oder*, Köln, Düsseldorf 1993.
Ludwig Klages, *Die Grundlagen der Charakterkunde*, Bonn 1969.
Ders., *Handschrift und Charakter. Gemeinverständlicher Abriß der graphologischen Technik*, Bonn 1989.

Thomas Kuhn, *Die Struktur wissenschaftlicher Revolutionen*, Frankfurt am Main 1973.

Le Corbusier, *Städtebau*, München 2015.

Kasimir Malewitsch, *Die gegenstandslose Welt*, Dessau 1927.

Stéphane Mallarmé, *Autobiographie, lettre a Verlaine*, Paris 1924.

Lynn Margulis, *Der symbiotische Planet. Wie die Evolution wirklich verlief*, Frankfurt am Main 2017.

Marcel Mauss, *Die Gabe. Form und Funktion des Austauschs in archaischen Gesellschaften*, Frankfurt am Main 1990.

Robert Musil, *Der Mann ohne Eigenschaften*, Bd. 2, Berlin 1982.

Oscar Niemeyer zitiert nach Eduardo Subirats, »Humane Architektur«, in: *Lettre International* 94, Berlin 2011, S. 38–41.

Friedrich Nietzsche, *Also sprach Zarathustra*, in: ders., *Werke in drei Bänden*, Bd. 2, München 1966.

Novalis, *Werke*, München 1981.

Erwin Panofsky, *Aufsätze zu Grundfragen der Kunstwissenschaft*, Berlin 1980.

Fernando Pessoa, *Das Buch der Unruhe*, Frankfurt am Main 2011.

August von Platen, *Die Tagebücher*, Stuttgart 1896–1900.

Francis Ponge, Schreib*praktiken oder Die stetige Unfertigkeit*, München 1988.

Jacques Rancière, *Zeit der Landschaft. Die Anfänge der ästhetischen Revolution*, Wien 2022.

Franz Rosenzweig, »Das neue Denken. Einige nachträgliche Bemerkungen zum ›Stern der Erlösung‹«, in: ders., *Zweistromland. Kleinere Schriften zur Religion und Philosophie*, Berlin, Wien 2001, S. 210–234.

Friedrich Schiller, *Über Anmut und Würde*, in: *Gesammelte Werke in fünf Bänden*, Bd. 5, Gütersloh o. J.

Ders., *Über die ästhetische Erziehung des Menschen*, ebd.

Michel Serres, *Der Naturvertrag*, Frankfurt am Main 1994.

Nicholas Shakespeare, »Gut hinschauen«, in: *Lettre International* 118 (2017).

Angelus Silesius, *Cherubinischer Wandersmann*, in: ders., *Sämtliche poetische Werke in drei Bänden*, Bd. 3, Wiesbaden 2002.

Georg Simmel, *Goethe – Deutschlands innere Wandlung – Das Problem der historischen Zeit – Rembrandt*, Frankfurt am Main 2003.

Alois Weywar, *Gehen – Laufen – Hüpfen. Die angeborene Fortbewegung des Menschen nach Dr. Max Thun-Hohenstein in Alltag und Spiel, Sport und Tanz, Bewegungserziehung und Physiotherapie*, Salzburg 1996.

Erste Auflage Berlin 2023

MSB Matthes & Seitz Berlin
Verlagsgesellschaft mbH
Großbeerenstr. 57A | 10965 Berlin
info@matthes-seitz-berlin.de

Satz: Monika Grucza-Nápoles, Gdynia
Druck und Bindung: Art-Druk, Szczecin
Umschlaggestaltung nach einer Idee von
Pierre Faucheux

ISBN 978-3-7518-3007-2
www.matthes-seitz-berlin.de